나는 메리츠화재 본부장
김정택이다

나는 메리츠화재 본부장
김정택이다

김정택 지음

밑바닥에서 부터 본부장까지
학연도 혈연도 지연도 아니다
김정택의 삶의철학

함 성

추천의 글

1

메리츠 금융 지주 대표 이사 김용범입니다.

지난 2022년 5월 메리츠화재 전속채널 본부장들과 함께 북클럽을 처음 시작했는데, 이건 사실 갑자기 시작한 건 아닙니다. 제가 메리츠화재 대표 이사로 부임한 2015년부터 조금씩 독서 경영을 준비했습니다. 좋은 책이 있을 때마다 임원들, 본부장들에게 나눠 주고 토론도 하면서 적절한 때를 기다렸습니다.

그러다가, 독서 경영으로 유명한 준오헤어 강윤선 대표님을 만나 벤치마킹도 하고, 나름대로 세심한 준비 끝에 전격적으로 시작하게 되었습니다.

전속 채널 산하 임직원 150명, 본부장 200명, 본부 업무실장 250명 등 매달 600명이 같은 책을 읽고, 같은 단어를 쓰고, 같은 생각을 하고자 했습니다. 책을 읽고 독후감을 쓰는 사전과제, 20~30명 소규모 그룹으로 모여서 생각을 나누는 독서 토론,

본깨적(본 것, 깨달은 것, 적용할 것)을 행동으로 옮기는 사후 과제까지 좋은 습관을 만들고자 노력했습니다.

첫 북클럽 자리에서 저는 이렇게 말했습니다.

"현실에 안주하지 않고, 가슴 뛰는 담대한 목표를 가지고 업계 1위를 달성하는 게 우리 메리츠화재가 꾸는 꿈이다. 회사는 CEO 그릇의 크기만큼, 본부는 본부장 그릇의 크기만큼 성장할 것인데, 그릇의 크기를 키우는 데 북클럽만큼 도움 되는 건 없을 것이다.

책을 읽는다고 해서 사람이 변할까, 변하지 않을까? 책이 과연 사람을 변화시킬 수 있을까, 없을까? 몇 년 전부터 독서 경영을 준비하면서 고심한 질문인데, 성공한 사업가, 조직을 성장시킨 리더 곁에는 항상 책이 있었다.

북클럽은 본부장이 평일 일과시간에 해야 할 중요 업무 중 하나가 될 것이다. 처음에는 모두가 낯설고, 모두가 어색할 수 있다. 기회는 동일하게 주어졌으나, 결과는 마음가짐에 따라 분명 차이가 날 것이다. 책 속에 길이 있다. 스타벅스 두 잔 값으로 동서고금을 가로지르는 현인들의 지혜를 얻는다면, 여기 계신 본부장들은 분명 존경받는 리더로 성장할 것이다."

그렇게 시작된 북 클럽은 지금까지 2년 동안 꾸준히 이어지고 있습니다.

20년 넘게 핀 담배를 끊었다는 본부장, 운동을 통해 살을 10kg 뺐다는 본부장, 설계사들한테 일방적으로 말하기 보다는 이야기를 경청하고 부드러워졌다는 본부장, 매일 꾸준히 글을 쓰고 기록으로 남긴다는 본부장 등 몇몇 눈에 띄는 본부장들이 나타나기 시작했는데, 오늘 책의 저자인 김정택 본부장도 그중 한 명이었습니다.

그는 매일 새벽 5시에 일어나서 하루도 빠짐없이 1시간 동안 빠른 걸음으로 걷습니다. 발걸음은 빠르지만, 머리는 고요해지고 차분해지면서 오늘 하루 본부 운영을 어떻게 할지 생각하는 시간을 갖습니다. 본인뿐만 아니라, 본부 내 리더들에게 책을 나눠 주고, 본부 자체적으로 북클럽도 진행했습니다. 지금은 매일 아침 8시에 모든 리더들이 30분 동안 책을 읽습니다. '이순신 난중일기', '데일 카네기 인간관계론' 등은 제 인생에 있어서 큰 감명을 준, 그래서 일곱 번씩 읽었던 '7독서' 책들로, 김정택 본부장과 본부 리더들도 함께 읽은 것들입니다.

김정택 본부장은 원래 DB 손보에서 연도 대상을 받을 정도로 업적이 뛰어난 설계사로 일하다가 메리츠로 이직하였습니다. 영업 잘하는 설계사로 시작해서, 팀장, 지점장, 그리고 본부장까지 메리츠화재 성장 사다리를 하나씩 밟고 올라섰습니다.

호텔 요리사, 식당을 운영했던 그가 아닌, 보험 영업을 하는 설계사가 아닌, 보험 사업을 하는 사업가로 성장한 그의 밑바탕에는 이제 책이 있습니다.

금번 [나는 메리츠화재 본부장 김정택이다] 책 내용처럼, 본부장으로 성장하는 과정이 항상 좋거나 쉬운 길만은 아니었을 겁니다. 하지만, 책을 읽고 공부하고 노력하는 모습이 있었기에 지금 위치까지 올라설 수 있었다고 생각합니다.

책을 읽으면 변화할 수 있고, 또한 그 변화를 통해 어떻게 성장해 나갈 수 있는지 궁금한 분들은 이 책을 꼭 읽어 보시길 권합니다. 김정택 본부장이 살아 온 이야기를 읽으면서, 많은 독자분들께서도 감동과 도전할 용기를 얻으시길 바랍니다. 감사합니다.

메리츠 금융 지주 대표 이사 김용범

추천의 글

2

사람은 바뀔 수 있을까? 당연히 바뀔 수 있다. 근데 어떤 사람이 바뀔 수 있을까? 간절히 변화를 꿈꾸는 사람만이 바뀔 수 있다. 어떻게 해야 바뀔 수 있는가? 만남을 통해 바뀔 수 있다. 만남은 무엇일까? 내가 생각하는 만남은 '눈뜸'이다. 눈이 번쩍 뜨이게 하는 사람이나 책을 만나면 바뀔 수 있다.

저자 김정택 본부장은 그런 사람이다. 나는 메리츠화재와 2년간 북클럽을 진행하고 있다. 똑같은 책을 보고 얘기를 나누지만 반응은 천차만별인데, 그 중 3분의 1은 무지 열정이고, 그가 바로 이 열성 팬 중 한 사람이다. 원래 책하고는 담을 쌓고 살았다. 힘든 환경이지만 태생적으로 아이디어도 많고 리더십도 있고 열정도 있어 고성과를 내는 그런 사람이다. 다른 회사에 다니다 이 회사가 비전이 있다는 판단으로 옮긴 후 더 일을 잘하고 있다.

처음에는 말도 없고 조용하고 본인을 드러내지 않았는데, 어느 날부터 그가 책을 읽으면서 열정적으로 변하고 있고, 북클럽에 환호하고 있다는 얘기를 들었다. 그의 초대로 부산에 있는 그의 본부를 두 번이나 방문해 강연을 했다. 저녁도 몇 번 먹고, 내가 하는 지식클럽 하우스에도 참석해 많은 얘기를 나눴다. 무엇보다 나는 이 책을 쓰는 동안 모든 글을 조금씩 고쳐 주는 역할을 했다. 새벽마다 그가 글을 보내면 내가 그 글을 고쳐서 다시 보냈다. 이 책은 그런 노력의 결과물이다. 중간에 혼자 운 적도 있고, 가슴이 뭉클한 적도 많다. 덩치는 나보다 훨씬 크지만 안아 주고 싶은 충동도 느꼈다. 이렇게 책을 읽고 글을 써서, 이를 책으로 엮어 낸 그가 정말 대견스럽다. 이런 내공이 성과로도 나타날 것이다. 하늘에 계신 그의 아버님이 진심으로 자랑스러워할 것이다. 삶이 힘든가, 앞이 보이지 않는가, 차라리 죽는 게 낫다는 생각이 드는가? 이런 분들에게 이 책을 권한다.

한스컨설팅 한근태

추천의 글

3

바다

정택 본부장님을 보며 떠오르는 단어다. 묵묵하게 계시는 모습을 보면서 조용하신 분이라고 생각했는데 아니었다. 가슴 속에 품고 있는 열정과 지금 자리에 오기까지 수많은 풍파를 전부 정택 본부장님의 가슴 안에서, 본부장님답게 자신의 길을 만들어 간 것이었다. 그러한 모습은 아무리 폭풍이 오더라도, 바다 속에서 수많은 일들이 일어나더라도 언제나 그 자리에서 모든 것을 품는 모습이었다.

이 책은 단순한 자서전을 넘어 인생의 의미와 성장에 대한 깊이 있는 생각을 하게 만든다. 한 인간이 겪을 수 있는 여러 시련과 도전을 통해 얻은 깨달음이 담겨 있다. 평범한 직장인에서 슈퍼모델로서 도전하며 다양한 일들을 겪은 나에게 지금의 도전을 응원하는 메시지로도 들렸다.

비단 나뿐만 아니라, 이 책을 읽는 독자들에게도 영감과 용기를 줄 거라 생각한다. 어떠한 경지에 오른 분들의 얘기를 들으면 내용이 일맥상통하게 된다. 정택 본부장님께서는 보험 설계사로서의 경력을 바탕으로 인간관계의 소중함과 직업의 의미를 재조명하면서, 어려운 상황 속에서도 포기하지 않고 전진하는 모습을 다시 한 번 얘기 해준다는 점에서, 스스로의 삶에 대한 애착과 잔잔한 열정을 피워내고 있다는 느낌을 받았다.

그의 이야기는 우리 각자가 자신의 삶에서 마주하는 어려움을 극복하고, 의미 있는 삶을 살아가는 데 도움을 주는 교훈으로 가득하다. 정택 본부장님의 인생 여정을 따라가며, 그가 어떻게 여러 난관을 극복하고 자신의 꿈을 실현해 나갔는지를 생생하게 전달한다.

보험 업계에서 겪은 다양한 경험은 물론, 인생의 중요한 전환점에서 얻은 깨달음을 공유함으로써 나에게, 그리고 이 책을 읽고 있는 독자에게 삶의 진정한 가치를 찾아갈 수 있는 길잡이 역할까지 한다.

단순히 성공하기 위한 지침서가 아니라, 인생을 살아가면서 마주할 수 있는 다양한 상황에서 어떻게 의미를 찾고, 어려움을 이겨 낼 수 있는지에 대한 실질적인 조언까지 담겨있다. 다양한 일들을 하면서 서서히 지쳐가던 차에 읽게 된 이 책과의 만남은 참으로 즐겁고 유쾌한 대화였다.

SBS 슈퍼모델 선은지

작가소개

　1975년 부산 출생. 여섯 살 때 아버지에게 일어난 불의의 사고 후 할머니 손에 이끌려 부산을 떠나 아버지의 고향인 통영으로 왔고, 유년 시절부터 고등학교까지 그곳에서 자랐다. 가난했지만 요리사를 향한 한결같은 꿈을 가슴에 간직한 채 서울과 부산을 오가며 배움과 성장을 거듭한 끝에 이윽고 요리사라는 간절한 소망을 성취하였다.

　29세 젊은 나이에 '봉창이 칼국수' 프랜차이즈 외식 사업을 시작으로 '몽돌이 칼국수', '해우 샤브샤브', '김정택 대가 면가', '샤브랑 밀면이랑', '돼지 발자국', '구이마당' 등 수많은 자체 브랜드를 만들어 큰 성공을 거둔 외식 사업가였다.

　그러나 한순간의 잘못된 판단으로 다른 사업에 손을 대기 시작하면서 순식간에 전 재산을 날리게 된다. 그렇게 승승장구하던 성공가도에서 절망의 나락으로 떨어졌지만, 이에 굴하지 않고 우연히 알게 된 보험 세일즈 시장으로 입문하며 새로운 도전을 시작한다. 세일즈를 시작한 지 1년 만에 보험 신인왕을 시작으로 매년 연도 대상을 수

상하면서 인생 제2막을 힘차게 열게 된다.

 하지만 그렇게 보험 영업인으로 승승장구하며 지내면서도 어딘가 모를 목마름을 느낀다. 그건 영업인으로서의 역할을 뛰어넘는 관리자로서의 비전 때문에 생긴 갈증이었다. 그러던 어느 날 메리츠화재를 만나게 되었고, 1년 고민 끝에 DB손해보험에서 메리츠화재로 이직하게 된다. 드디어 이직 후 6개월 만에 영업인에서 영업 관리자로, 그리고 당시 최고의 꿈이었던 본부장이란 타이틀까지 거머쥐게 된다.

 지금은 자본부 하나를 둔 메리츠화재 부경 프랜차이즈 대표로 근무 중인 김정택 본부장입니다.

프롤로그

글을 쓰게 된 배경

불과 5년 전까지만 해도 독서에도 힘겨워했던 내가 책을 쓴다는 것은 상상조차, 아니 굳이 상상 할 이유조차 찾을 수 없던 일이었다. 메리츠화재 북클럽을 하면서 억지로 독서를 시작한 내가 책을 쓰기 위한 타이핑을 하고 있다니 그저 놀랍기만 하다. 사람이 이 정도로 변화할 수 있다면, 우스갯소리 같지만 어쩌면 아프리카의 대통령도 가능하지 않을까?

책을 쓰기 시작하면서 나는 또 다른 성장을 발견하고 있다. 책을 통한 성장이 어느 시점까지는 오랜 시간이 걸리지만, 임계점을 넘어가면 가속도가 붙어 더 빠르게 성장한다는 점이다. 그리고 하나를 배우면 세 가지 깨달음이 일어난다는 것도 경험하고 있다. 성장의 눈을 뜨니 주변의 모든 것들이 배움의 재료들이다. 특히 내가 꿈을 이룰 수 있도록 동행해 준 한 분, 한 분에게서 삶의 희로애락을 배우며 함께 성장하고 있는 중이다.

지금부터 내가 이뤘던 꿈과, 이루고 싶은 꿈에 대해 이야기해 보려 한다.

여섯 살 때 어머니는 내 곁을 떠났다. 그래서 유년 시절은 한쪽 팔 없는 세상을 살 수밖에 없었다. 그러다보니 소풍날 김밥 한번 가져갈 수 없었다. 소풍 날이면 할머니가 싸 주신 하얀 쌀밥에 어묵, 큰 소시지, 멸치볶음이 전부였다. 내게는 최고의 도시락이었지만 현실은 그렇지 않았다. 당시 우리 집은 나라의 도움을 받는 생활 보호 대상자였기 때문이다. 그래서 몇 년간은 그게 부끄러워서 혼자 나무 밑에서 먹었던 기억밖에 없다. 반신불수이신 아버지와 두 살 터울 동생과 할머니 등, 가족 넷이 한 달 내내 먹을 쌀조차도 매번 부족했다.

때문에 난 우리 가족 모두가 맛있는 걸 배부르게 먹는 걸 보는 게 최고의 꿈이자 행복이라고 여겼다. 그래서 내가 요리사를 꿈꾸었는지 모른다. 성인이 되면 나 같이 어려운 형편의 친구들을 도우며 살고 싶었고, 또 미래의 내 자식에게 이런 어려운 삶을 되풀이시키고 싶지 않았는데, 이 두 가지를 모두 해결할 수 있는 직업이 바로 요리사였기 때문이다.

중학교, 고등학교, 군대를 제대할 때까지 그 꿈이 변한 적은 없었다. 그리고 내 나이 스물여섯에 드디어 그 꿈을 이뤘다. 이후 난 돈만 많이 벌면 된다는 생각 뿐, 꿈이란 것을 생각해 본 적이 없었다. 계속 요식업을 하면서 큰돈을 벌었고, 그래서 꿈이 없어도 사는 덴 아무 지장이 없다고 생각했다. 하지만 대형 요식업 프랜차이즈를 운영하던 중 다른 사업에 손을 대면서 실패한 후 인생이 통째로 바뀌었다.

보험업을 시작하게 된 것이다. DB손해보험에 근무하던 어느 날, 메리츠화재 행사에 참석하게 되었다. 인천 송도 파라다이스 행사장에 들어서던 순간, 난 그간 한 번도 느껴 보지 못한 기분으로 심장이 터질 듯했다. 그 이유는 대형 현수막에 적혀 있는 다섯 글자 때문이었다. '꿈을 그리다'. 행사가 끝난 후 내려오면서 이직을 결정했고, 난 그간 한 번도 생각해보지 않았던 꿈을 메리츠에서 도전해 보기로 마음먹었다.

이직을 하면서 난 '꿈'이란 단어를 가슴에 품었다. 전 회사에서는 상상도 못 해보았던 본부장이란 꿈을 그릴 수 있게 해 준 이 곳, 메리츠화재. 난 입사 2개월 만에 지점장 승격에 이어서 그렇게도 내가 간절히 바라왔던 본부장이란 꿈을 단 6개월 만에 이룰 수 있었다. 지금은 자본부를 둔 메리츠화재 부경베스트프랜차이즈 대표라는 이름을 갖고 있다.

대표라는 수식어가 붙기까지 힘겹고 순탄하지 않았던 본부장의 길. 버티고 넘어지고, 또 넘어져도 일어나서 다시 걸어야만 했던 본부장의 길. 더 큰 성공과 성장을 위해선 가는 동안 길에서 헤매지 않아야만 했다. 그래서 목적지에 도달하기까지 내겐 새로운 도구인 내비게이션이 필요했다. 내비게이션이 없어도 이정표를 보면서 가면 되지만 정해진 시간에 목적지에 도착하기는 힘들기 때문이다.

인생길도 마찬가지다. 우리가 태어나서 성인이 되어 성장, 성공이란 목표를 향해 가는 길은 누구에게나 초행길이다. 두 번 살아서 걷는 이는 이 세상에 없을 것이기 때문이다. 그리고 삶은 생각지도 못한 위험들이 곳곳에 도사리고 있기 때문에 생각보다 험난하고, 멀고, 복잡한 면이 많다. 그래서 주변의 도움 없이, 즉 삶의 내비게이션이 없이 걸어간다면 목적지와 반대 방향으로 잘못 갈 수도 있다.

어떤 순간까지는 나도 걷다 길이 막히면 곧바로 답을 찾지 못했다. 하지만 그때마다 포기하지 않고 찾고 찾은 끝에 만난 나의 내비게이션이 있다. 그건 바로 독서다. 성장을 위해선 내게 변화가 필요했고, 그 변화는 비로소 책을 읽으면서 시작되었다. 책이란 도구를 처음 접하게 된 것은 회사에서 진행하는 본부장 북클럽에서였다. 그러나 책 두께만 봐도 난 읽기도 전에 지겨웠고 몇 장만 넘겨도 하품이 절로 나왔다. 하지만 본부장 북클럽에선 매달 책 한 권씩을 반드시 읽어야만 했다. 이때 처음 접한 책이 한근태 대표님의 '몸이 먼저다'라는 책이다. 제목대로 책 내용은 운동에 관한 것이었다.

그런데 모든 것을 이루기 위해서는 몸이 먼저라는 말에 이 책을 읽은 본부장들 사이에서 난리가 한바탕 일었다. 헬스 열풍이 불었고, 제일 열심히 한 본부장에게는 회사에서 우수 시상까지 내렸다. 하지만 난 운동을 하지 않았다. 중학교 때까지 운동선수로 활동했던 사람인데도 이상하게도 하기가 싫었다. 불과 4년 전까지만 해도 배드민턴, 축구 등등 운동을 참 좋아했는데, 그 4년이란 세월이 나의 몸을 묶어 놓은 듯했다.

나는 거의 매일 저녁마다 술을 마셨고, 그렇게 서서히 내 몸은 병들어 갔다. 당시 내 몸무게는 109킬로그램에다가 혈압 약 복용은 물론, 설상가상으로 정신 상태 또한 엉망진창이었다. 더구나 성장이란 단어는 머릿속에서 사라진지 오래였고, 매일 힘들다는 말을 입에 달고 살았다.

그러던 어느 날, 출장 온 동생이 건네 준 책 한 권이 내 변화의 시발점이 되어주었다. 그건 사이토 히토리가 쓴 '부자의 운'이란 책이다. 나는 한 페이지, 두 페이지 넘기다가 결국 3시간 만에 책 한 권을 완독했다. 이건 내게 엄청 놀라운 일이다. 누군가 책 한 권으로 인생이 바뀌었다고 어디선가 본 적은 있지만, 그 주인공이 내가 될 줄은 꿈에도 몰랐다. 이후 내 입에서는 "운이 온다. 운이 온다. 오늘도 좋은 운이 온다."라고 새벽마다 걸으면서 수시로 외치게 되었다. 말처럼 진짜 매일 좋은 운이 내게 찾아왔다. 독서를 시작했고, 본부장 북클럽에도 관심을 가지면서 결국 본부 북클럽까지 운영하게 되었다. 매주 책 한 권씩을 읽으면서 에너지를 충전하는 한편, 이렇게 차오른 에너지를 본부영업 가족들에게 좋은 에너지로 나눠 주고 있다.

전문적인 배움이 없는 내가 글을 쓰기까진 엄청난 용기가 필요했다. 이 용기의 원천은 나를 믿고 함께 해 준 본부 가족들이다. 그 중엔 예전 회사 동료였고, 나에게 절대적 믿음으로 메리츠화재까지 함께 걷고 있는 서미정 부본부장이 있다. 이 친구와 김정현, 유은주, 민채원, 신미정, 민정숙 지점장님 등, 이 분들의 성장이 지금 나의 꿈이다. 그 꿈은 마음을 다해 함께 지나온 날들을 거름 삼아 우리가 꿈꾸는 보험 회사를 만들어 보는 것이다. 이제 우리들의 진심어린 이야기가 시작된다.

차례

추천의 글 4

프로로그 prologue

글을 쓰게 된 배경 14

PART 1 ── 꿈과 도전

첫 번째 꿈 : 요리사
S#01 나의 꿈, 요리사 26

두 번째 꿈 : 보험 설계사
S#02 우연히 알게 된 보험회사 41
S#03 선택 50

세 번째 꿈 : 메리츠화재 본부장
S#04 김정택 본부장입니다 59

쉬어 가는 페이지 벤저민 하디의 '퓨처셀프' 73
입구와 출구 74

PART **2** ─── 성장과 깨달음

성장의 도구 1 : 독서와 글쓰기

    S#05 도전은 성공의 엔진 78
    S#06 함께라서 할 수 있다 82
    S#07 본부장북클럽 86
    S#08 독서를 한다는 것은 91
    S#09 글을 쓴다는 것은 93

성장의 도구 2 : 운동

    S#10 내가 나에게 주는 마지막 기회 100
    S#11 몸이 먼저다 105

성장의도구 3 : 고수

    S#12 한근태 대표님과의 만남 111
    S#13 일생에 한 번 고수를 만나라 116
    S#14 고수가 되는 그날까지 120
    S#15 깨달음 125

쉬어 가는 페이지 사이토히토리의 '부자의 운' 129

PART 3 ── 가치와 소명

리더십과 책임 : 본부장으로서의 사명
- S#16 대장이 된다는 것은   134
- S#17 부경베스트 프랜차이즈입니다   139

진정한 성공 : 사람 중심의 가치
- S#18 친구가 지점장이 되었다 – 유은주 지점장   150
- S#19 유일하게 남은 총학생회장 – 김정현 지점장   156
- S#20 오랜만에 걸려온 전화 – 서미정 부본부장   159
- S#21 내 편들에게 하고 싶은 말 –
  강한솔 매니저, 김진주 매니저, 신혜경 실장   169
- S#22 재훈 팀장님의 빈자리   179
- S#23 가버린 친구에게 바치는 책 한 권   187

진심을 담아 : 가족과의 시간
- S#24 아들이 나에게 써 준 편지   193
- S#25 아빠의 유산   196

쉬어 가는 페이지 운   201

PART 4 ── 본질과 핵심

보험의 본질 : 핵심

S#26 보험의 본질   208

S#27 보험회사   219

S#28 영업 전 필요한 것: 소통과 공부   229

보험의 본질 : 사람

S#29 영업과 인맥의 상관관계   234

S#30 리쿠르팅(채용)   239

보험의 본질 : 나

S#31 보험은 나를 파는 일   244

S#32 나의 지경을 넓히는 힘, 질문   247

S#33 방향 있는 길로 나아가는 방법, 시간의 축   250

S#34 상처 주는 것도 습관이다   254

── 에필로그 *Epilogue*

김정택입니다   259

── 쿠키 페이지 *Cookie page*   262

PART 1

꿈과 도전

나의 꿈, 요리사
우연히 알게 된 보험회사
선택
김정택 본부장입니다

첫번째 꿈:
요리사

나의 꿈, 요리사

　내가 태어난 곳은 부산이다. 자갈치 위에 있는 남부민동이란 곳이다. 그런데 누군가 고향이 어디냐고 물어보면 난 부산이란 지명 대신 통영이라고 말한다. 이건 아마 내 어린 시절 기억을 지워 버리고 싶은 마음 때문일지 모른다.

　난 여섯 살까지 줄곧 부산에서 살았다. 그런데 여섯 살 되던 해, 아버지가 큰 사고를 당하시는 바람에 부산대학병원에서 몇 번의 고비를 넘기는 대수술을 세 번이나 하셨다. 당시 아버지는 원양어선을 타셨는데, 배 정박 과정에서 닻에 머리를 맞아 생긴 사고였다. 가장 슬픈 일은 아버지가 두 번째 수술까지는 말씀을 하실 수 있었는데, 세 번째 수술 이후 말씀마저 하실 수 없는 벙어리 신세가 되어버렸다는 점이다.

난 아버지의 사고와 수술 내용을 고모님께 들었다. 어린 나이라 난 그저 아버지가 많이 아파서 병원에 입원하고 계신 줄로만 알았었다. 그런데 퇴원 후 집에 오셨을 때 상황이 달라진 걸 눈치 챈 난 매우 슬펐다. 그건 아버지가 말씀도 못 하시고 예전처럼 제대로 걷지도 못하셨기 때문이었다. 그렇게 세월이 흘러 아버지를 내 가슴에 품은 지 8년이 되었다. 지금도 하늘나라 가실 때까지 아버지가 단 한 번도 "정택아!"라고 아들 이름 한번 불러 보지도 못하신 게 내내 안타깝게 느껴진다.

성인이 된 내가 돈을 벌어야 할 이유는 오로지 아버지를 위한 것이었다. 제일 좋은 병원에서 최고의 의료진들의 케어를 동원한다 해도 아버지의 병을 고칠 수는 없겠지만, 그저 말씀만이라도 하실 수 있게 하고픈 싶은 소망이 간절했기 때문이다. 그래서였을까? 난 배우자를 고를 때도 마찬가지였다. "나에게 이런 아버지가 계십니다. 평생 모시고 살 수 있나요?" 부모 봉양이란 걸 자식 된 도리로써 당연히 해야 하는 것으로 생각하고 살아왔기 때문에 이런 질문을 건넬 수가 있었다.

난 아버지가 돌아가시는 그 순간까지 단 한 번도 원망 해 본 적이 없다. 하늘나라로 가신 뒤 꿈에서라도 보고 싶은데 보이지 않아 정말 안타깝다. 지금 생각해 보면, 이런 아버지가 계셨기에 난 더 단단해질 수밖에 없는 인생을 살 수 있었고, 마침내 지금의 내가 있다고 믿는다.

한편, 주위 친구들은 '어머니'란 단어만 들어도 눈시울이 붉어지고 가슴이 따뜻해진다고들 한다. 그러나 나에게는 이 '어머니'란 단어가 너무도 어색하다. '어머니'라고 불러 볼 사람이 없었기 때문이다.

아버지가 수술을 마치고 퇴원하신 후 한 달 정도 지났을까? 어느 날 새벽이었다. 동생과 둘이 자고 있는데 거실에서 뽀스락거리는 소리에 잠이 깬 나는 거실로 나갔다. 그 순간 난 어머니란 분이 가방을 들고 현관을 나서는 장면을 보고야 말았다. 잠이 덜 깬 나는 "엄마!"라고 불러 보지도 못한 채 멍하니 지켜볼 수밖에 없었고, 아침이 되면 돌아오시겠지 싶어 다시 방으로 들어가 잠을 청했다. 그러나 아침에 눈을 뜨고 거실과 안방, 집 밖을 다 찾아봐도 어머니란 분은 보이지 않았다. 이 사건은 고작 여섯 살이었던 내게는 너무나도 무서운 기억이 되고 말았다.

난 곧바로 안방에 누워 있는 아버지께 오늘 새벽에 엄마가 가방을 들고 나가는 것을 봤다고 전했다. 아버지는 이 말을 들으시곤 이해를 하신다는 표정을 보이셨다. 그리고 하실 수 있는 단어는 그저 "아, 아, 아, 아참, 아참!"이 전부였다. 울고 있는 나에게 아버지는 손짓으로 눈물을 닦으라고 하신 후, 바닥에 '고모'라고 몇 번을 적으셨다. 고모님께 가 보라는 거였다.

아버지의 지시를 따라 나는 동생 손을 잡고 고모님 집으로 향했다. 고모님은 우리 집에서 걸어서 5분 거리에 살고 계셨는데, 마침 고모님이 계셨기에 새벽부터 지금까지 있었던 이야기를 전해드릴 수 있었다. 말을 마치자 곧장 고모님은 우리를 데리고 우리 집으로 다시 향했고, 아빠를 보자마자 우시기 시작했다. 우시면서 "오빠! 오빠! 이제 어떻게 하노! 저 어린 것들을!"이란 말을 연신 하셨다. 그때 아마 고모님은 상황이 이리 될 거란 걸 짐작하고 계셨는지도 모른다. 이후 어머니란 분은 끝내 돌아오지 않으셨고, 한동안 우리는 고모님의 돌봄을 받을 수밖에 없었다.

한 달 정도 지났을 때였다. 통영에 사시는 할머니가 오셨고 할머니 손에 이끌려 아버지, 동생과 함께 난 통영으로 내려갔다. 그리고 통영에서 배를 타고 50분 정도 들어가 작은 섬마을에 다다랐다. 그곳

내고향 학림도

은 '새섬'이라고 불리는 학림도다. 경남 통영시 산양면 저림리 36번지. 그곳에서 나의 유년 시절이 시작되었고, 이젠 나의 고향이 되어 버렸다. 그래서 지금도 지인들은 학림도가 내 고향인 줄 알고 있다.

어느 날 갑자기 당신의 아픈 아들과 어린 두 손자의 가장이 되어 버린 할머니는 마을의 소일거리들을 맡아 우리를 힘들게 부양하셨다. 지금처럼 학원이나 돌봄 센터가 변변치 않았던 그 시절, 나는 마을에 있는 작은 교회에 다녔다. 여덟 살 되던 그 해, 난 하루가 멀다 하고 엄마를 찾으며 울던 어린 동생을 가혹할 만큼 혼을 냈었다. 그런데 그 교회 여름성경학교에서 만난 선생님의 다독임은 어린 우리가 엄마의 따뜻함을 느낄 수 있는 유일한 안식처였다.

정이 들어서였을까? 여름성경학교가 끝나던 날, 우린 선생님 치맛자락을 붙잡고 가지 말라고 애원하며 한없이 울었다. 모성에 대한 결핍, 누군가 또 곁을 떠난다는 불안감이 어린 우리를 그렇게 만든 거였다. 그렇게 섬에서 국민학교를 졸업한 난 중학교 진학 때문에 통영으로 돌아갔다. 학창 시절 친구들과 어울려 맛있는 것을 먹다 보면 어김없이 할머니, 아버지, 동생이 제일 먼저 마음에 걸렸다. 좋은 곳에 가서 맛있는 음식을 함께 먹는 걸 생각하는 것만으로도 난 무척 행복했다. 진짜로 언젠가는 꼭 그렇게 행복하게 해드리고 싶었다.

중학생 때는 가정 형편상 운동을 우선시했다. 운동만 하다 보니 머리에 든 지식이 바닥이라 갈 수 있는 곳은 딱 한 곳 밖에 없었다. 그곳은 통영상고, 지금의 동원고등학교이다. 고교 진학 후 미래가 슬슬 걱정이 되기 시작한 난 은행에라도 취직해 보려고 주산부, 부기부 등 특별 활동까지 엄청나게 열심히 했다. 그런데 2학년 때 한 친구를 알게 되면서 이전의 꿈들이 모조리 도망가 버렸다. 처음부터 그는 나를 매우 잘 챙겼다. 낯선 인간관계 안에서의 보살핌 때문인지 점점 그와 더 친해지면서 자연스레 주위 친구들까지 폭넓은 관계가 형성되었다. 그러면서 나의 학교생활은 점점 퇴색되어 갔다. 술과 담배는 기본이고 불량한 쪽으로 자꾸 삶이 뒤틀렸다. 그러던 어느 날, 문득 마음 한 가운데 성찰의 물보라가 일었다. 이러다간 아무것도 안 되겠다

싶어 마음을 고쳐먹고 군대에 이른 지원을 했다.

군 제대 후, 난 아시는 분의 권유로 동대문 시장에 입성했다. 통영을 떠나 타지에서 혼자 살기 위해선 내게 주거공간이 필요했기 때문에 목돈이 있어야 했고, 그래서 이곳에서 3년 가까이 커튼 장사를 배우면서 일을 하게 되었다.

어느 정도 돈이 모인 스물다섯 되던 해, 난 부산으로 내려와 방을 얻었다. 그건 요리사라는 꿈을 이루기 위한 목적이었다. 여기저기 찾다가 부산 중구 남포동에 있는 '서울깍두기'란 식당에 들어갈 수 있었다. 그런데 그 시절 주방은 군대보다 더 힘든 곳이었다. 하루는 깍두기 칼질을 하다가 왼쪽 손가락을 베인 적이 있었다. 피가 엄청나게 솟구치는 바람에 다른 손으로 지혈을 하고 있는데, 그때 주방장이 나에게 대뜸 깍두기 김치를 담으라고 했다. 그래서 "저, 손을 다쳐서 지금 힘들겠습니다."고 간곡히 말을 건넸지만, 그는 아랑곳없이 "그럼 고무장갑을 껴!"라며 눈 하나도 깜짝 안했다. 지금은 도저히 납득이 안 되는 에피소드지만, 당시엔 아무리 부당한 지시라도 시키면 시키는 대로 해야만 했던 시절이었다.

상처를 누르고 있던 수건을 벗기고 면장갑을 끼는데 장갑이 피로

금세 젖어드는 게 내 눈에 훤히 보였다. 그 장갑 위에 고무장을 겹쳐 끼고 주방장이 양념을 부어 주면 나는 90도로 엎드려 깍두기를 양념과 함께 섞어야 했다. 보통 한 번 깍두기를 담을 때는 20킬로그램짜리 20포대 정도를 담는 게 예사였다. 거의 한 시간 동안 아프다는 소리 한 번 못하고, 단 한 번도 쉼도 없이 줄곧 시키는 대로 할 수밖에 없었다. 뒷정리까지 마무리하고 주방 뒷문으로 나가 이윽고 다친 손 장갑을 벗는 순간이었다. 예상한 바였지만, 또 다시 피가 엄청나게 쏟아졌다. 그때 난 흐르는 피를 보며 설움에 겨운 눈물을 하염없이 쏟아냈다.

그리고 그때 난 스스로 굳은 다짐을 했다. 저 주방장 자리에 반드시 1년 안에 올라가겠다고…. 목표가 생기니 자연스럽게 남들 잘 때도 자지 않고 일을 할 수 있었고, 남들 놀 때 놀지 않고 일을 하게 되었다. 그렇다고 급여를 더 주는 것은 아니었지만 내 자신과의 약속을 지키기 위해 불철주야 노력했다.

시간이 흘러 밀레니엄을 앞둔 1999년 11월, '서울 깍두기'에 입사한 지 10개월 되던 무렵 사장님이 나를 불렀다. 사장님의 동생분이 김해에 서울깍두기를 오픈하려 하는데 가능하겠느냐는 제안이었다. 몹시 흥분한 난 두말없이 무조건 열심히 하겠다며 머리가 땅에 닿을

나의 첫번째 꿈 요리사 시절

정도로 큰 소리로 인사를 드렸다. 그런데 반전은 따로 있었다. 주방실장님(주방장)이 나를 그 곳에 추천하셨다는 말씀이었다. 정말 너무하다 할 정도로 나에게만 유달리 일을 많이 시켰던 그 분이 날 추천하셨다니! 그간의 서러움과 감동이 교차하면서 눈물이 왈칵 쏟아져 내렸다.

곧바로 난 실장님을 찾아가서 감사 인사를 드렸다. 그런데 실장님은 여기에 감동을 한 스푼 더 얹으셨다.

"네가 언제까지 버틸 수 있는지 계속 괴롭혔다."

당신이 내게 준 고난을 내가 이겨낼수록 본인 자신도 자극이 되었다는 말씀과 함께 오히려 내게 고맙다는 말씀까지 하시는 게 아닌가! 그러나 더 큰 감동이 아직 남아있었다. 본인만의 레시피를 주시면서 낼부터 다른 사람 눈치 보지 말고 나 자신이 주방장이라고 생각하고 온전히 혼자서 주방을 운영해 보라는 것이었다.

고진감래였다. 지난 10개월은 나에게 10년, 아니 100년이나 다름없었기 때문이다. 그 처절했던 순간들이 주마등처럼 눈앞을 스치며 내 얼굴에 드디어 미소를 품게 해주었다.

2000년 2월, 난 드디어 김해 어방동에 '서울 깍두기'를 오픈했다. 그렇게 난 어릴 적부터 꿈 꾸어오던 진정한 요리사가 되었고, 이후에도 계속 승승장구했다. '조방낙지'와 '명동 손칼국수'에서 실장으로 근무하면서 아시는 분들과 '봉창이 해물 칼국수'라는 브랜드를 런칭한 프랜차이즈 사업에도 본격적으로 뛰어들었다.

당시 내 나이는 29살, 장가도 가고 아들도 생겼다. 그 후 '봉창이'라는 브랜드로 전국에 60개의 점포를 오픈시키는 한편, 단독으로 샤브샤브 브랜드도 만들어 혼자 사업을 시작했다. 이때 내가 직접 지은 첫 번째 식당 이름이 '해우샤브샤브'다.

해운대에 1호점을 오픈했을 때 1년 간은 마치 청소기가 빨아들이듯 돈을 벌어들였다. 그러나 성공의 뒤편에선 언제나 고난이 도사리고 있는 걸까? 그렇게 1년이 지났을 무렵 갑자기 광우병이 발생한 것이다. 부산 서면에서 촛불집회까지 열릴 정도로 규모가 어마어마했다. 하루, 하루 지날 때마다 사람 피가 바짝 바짝 말라갔다.

나의 첫 번째 브랜드 '해우 샤브샤브'

 두 달 정도 지났을까? 오전에 손님이 한 테이블도 오지 않은 날이었다. 답답한 마음에 무작정 차를 타고 달려 나갔다. 고속도로에 차를 올려 아무 생각 없이 도착한 곳이 지금 장유의 '율하'라는 마을이었다. 지금은 신도시로 부상했지만, 그 당시 그 곳은 그린 생활공간만 형성되었을 뿐, 변변한 건물 하나 없는 허허벌판이었다. 언덕 위 다리에 올라서서 주위를 둘러보았다. 높은 건물이 없으니 전체가 한 눈에 보였다.

 내 눈에 보인 건, 지어진 건물 세 채와 짓고 있는 건물 한 곳이었다. 배가 고파 식당이 있나 싶어 차를 타고 건물 쪽으로 다가가자

1층 유리에 '임대'라는 글자가 선명했다. 주인에게 바로 전화를 걸었다. 세를 놓으시냐고 여쭤보니 두 시간 전에 '춘천 닭갈비'를 하신다는 분이 1층 내부를 보고 간 상태라고 하셨다. 세가 어떻게 되는지 여쭤보니 2천에 120만 원이라고 하셨다. 해운대에선 가게 80평짜리가 7천에 550만 원이었으니, 대략 5분의 1정도 수준이었다. 그런데 이상하게도 귀신에게 홀렸는지 주인에게 내가 하겠다고 대뜸 저지르고 말았다. 계약금 200만 원을 바로 드리면서 오전에 보고 가신 분께 죄송하다고 전해 주시라고까지 할 정도였으니까 말이다. 그 때 해운대의 가게는 하루에 인건비 포함 50~100만 원 정도의 적자 상태였다. 난 결심 할 수밖에 없었고, 뒷날 직원들을 불러 모아 사정을 얘기한 뒤 일사천리로 바로 문을 닫고 장유 가게 공사에 돌입했다.

지금은 돌아가신 장인어른이 당시에 건축 일을 하고 계셨던 덕분에 15일 만에 공사를 끝내고 한 달 만에 장유에서 장사를 할 수 있었다. 해운대 가게 집기 일부만 들고 온 상태라 가게는 부동산에 부탁을 해놓고, 장유에 '해우 샤브샤브' 2호점을 오픈하게 되었다. 위치는 근처 아파트에서 차를 타고 7~10분 정도의 거리에 있어 접근성도 좋았고, 더구나 주변이 허허벌판이라 주차 공간도 걱정할 이유가 없었다.

그런데 문제는 가게를 알리는 것이었다. 곰곰이 생각한 끝에 아파트 모델하우스나 축제를 할 때 하늘에 높이 띄우는 애드벌룬을 떠올렸다. 이걸 가게 위에 띄워야겠다는 생각에 업체를 불러 오픈 날 큰 공 두 개에 대형 현수막을 달아서 띄워 달라고 제안했다. 업체사람들은 이런 곳에 애드벌룬을 왜 띄우는지 이해를 못 한다는 표정이었지만, 난 돈을 드릴 테니 일주일간 띄워 달라고 부탁했다. 드디어 대망의 오픈 날이 되었다. 전단지에는 "약도가 없습니다. 허허벌판이라 하늘에 풍선을 보고 전화 주십시오."라고 적어 놓았다. 예상은 적중했고, 날이 갈수록 대박의 연속이었다. 1년 정도 지났을 무렵 자리도 잡히고 해운대 가게도 정리가 되었다. 그 즈음 난 번 돈으로 뭔가 의미 있는 일을 하고 싶었다. 그래서 동사무소를 통해 소개받은 경로당 어르신들께 한 달에 한 번, 무료 급식을 가게에서 진행했다.

그때 한 목사님을 통해 김해 고아원도 소개 받았다. 지금은 한 달에 한 번 먹고 싶은 것을 사서 먹이지만, 예전에는 직접 만들어 주었었다. 그때를 시작으로 김해 대동에 있는 '동강 육아원'과 19년째 인연을 맺고 있다. 매달 아이들을 볼 때마다 옛날 여덟 살 때 내가 다짐했던 꿈이 생각난다. 서러움을 가슴에 담아두느라 정작 본인의 꿈을 잃지 않았으면 하는 바람이다. 동광 육아원 친구들의 아픔을 세세히 헤아릴 수는 없지만 그들의 맘을 조금은 이해한다. 그래서 난 계속해서

이 친구들의 손을 놓지 않을 것이라고 오늘도 다짐하고 또 다짐한다.

대부분 사람들은 본인보다 윗사람에게서만 배움을 얻을 수 있다고 생각하지만, 나는 이렇게 작고 맑디맑은 아이들에게서 묵직한 삶의 교훈을 듬뿍 받을 때가 많다. 봉사와 더불어 난 내 자신에게 다짐과 약속을 하면서 또다시 한 달을 행복하게 살아간다. 넉넉해서 나누는 게 결코 아니다. 난 우리 아들딸들에게 한 끼 식사로 마음을 나누는 것 뿐이다. 아이들의 해맑은 미소와 도란도란 장난치는 모습과 "잘 먹었습니다."라는 인사 한마디에 힘을 얻지만, 때론 나도 이 아이들에게 무척 감사한 마음이 든다. 이런 생각을 하고 있는 이 순간마저도 옛날 내가 겪었던 가난함이 지금 다시 나에게 기회를 준다는 생각을 지울 수가 없다.

내 작은 소원은 더 많은 사람들이 우리 아이들과 사랑을 나눌 수 있기를, 나누면서 기쁨도 함께 얻어 갈 수 있기를 늘 간절히 바랄 뿐이다. 부디 우리 아이들이 자라서 훌륭한 어른이 되어, 훗날 다시금 되돌려 나누며 주위를 돌아볼 줄 아는 따뜻한 맘을 품은 사람으로 살아가길 항상 기도한다. 나눔의 기쁨과 행복이 얼마나 내 삶을 풍요롭게 하고 마음을 부자로 만들어 주는지, 많은 사람들이 알아가는 세상이 되길 바랄 뿐이다.

> 나는 매일 상상했다.
> 꿈을 이루기 위해서
> 상상할 수 없는 노력을 했을 뿐인데
> 그 꿈이 이루어져 있었다.

두 번째 꿈:
보험 설계사

우연히 알게 된 보험회사

내가 젊은 나이에 외식 사업으로 승승장구하다 보니 점차 다른 사업에도 눈을 돌리게 되었다. 업종은 김해에서 규모가 다섯 손가락 안에 드는 잘 나가는 유흥업이었다. 장사를 시작하기 전 같은 사업을 하는 친구에게 여러 조언도 받았다. 그런데 어느 날, 친구는 다른 사업을 시작했다면서 자신에게 5천만 원 정도 투자할 수 있는지를 물어왔다. 나는 그와 그동안 쌓았던 신뢰가 있었기에 고민 없이 투자하겠다고 했다. 심지어 무슨 사업인지조차도 물어보지 않았다. 친구를 믿는 바도 있었지만 내겐 외식 사업으로 안정적인 수입이 있었고, 또 유흥업도 잘 되고 있어서 여유가 좀 있었기 때문이었다. 무엇보다 내가 지켜봐 온 바론, 그가 사업에 선견지명이 있는 친구였기 때문에 그 자리에서 바로 입금하는 걸 주저하지 않았다. 친구는 3개월 안에

1.5배를 불려 준다고 했지만, 나는 돈 욕심보다도 중학교 시절 함께 운동했던 친구가 이렇게 사회에서도 서로 도움이 되는 관계로 발전할 수 있다는 점이 더 좋았다.

그렇게 두 달간 잊고 있던 친구에게서 문자가 왔다.
"계좌번호 넣어 주라."
그리고 정확히 10분 뒤 내 통장에는 1억 원이 입금되었다. '이게 뭐지?' 나는 순간 멍했지만, 한편 기분이 너무 좋아 바로 전화를 걸었다. 도대체 무슨 짓을 했길래 두 달 만에 두 배를 만들어 주는 거냐고 기분 좋은 핀잔을 주었다.
"그런 기 있다. 담에 한 번 넘어 갈게!"
이 한마디만 던지고 그는 전화를 끊어 버렸다. 어찌되었든 내 돈은 두 배가 되었으니 크게 개의치 않았다. 그런데 3개월 정도 지났을까? 친구에게서 또 연락이 왔다. 얼굴 한 번 보자고 하길래 이번에는 내가 부산으로 넘어갔다.

광안리 커피숍에서 이것저것 대화를 나누던 중 친구가 어렵게 입을 뗐다
"정택아, 우리 사업 한번 크게 해 볼래?"
무슨 사업인지를 물었더니, 몇 달 전 나에게 두 배로 준 돈이 바로

사행성 스포츠인 '토토'라는 것으로 아는 분들과 함께 했다는 고백을 해왔다. 이어 덧붙인 말은, 한국에서는 위험할 수 있으니 만약 하게 된다면 캄보디아에 사무실을 차릴 것이란 계획이었다. 그곳은 안전하기 때문에 나 말고도 투자할 사람이 더 있다고도 했다. 고민해 보고 답을 달라는 친구와 헤어지고 혼자 일주일 정도 생각을 한 후 아내에게 자초지종을 얘기했다. 싫은 표정이 역력했지만 "락현이 아빠가 언제 내 말 들었어? 알아서 해."라며 선택의 공을 내게 넘겼다. 일방적인 나의 통보였기 때문에 더 이상 대화는 진전되지 않았다. 난 원래 고민을 그렇게 깊이 하는 성격이 아니라서 이튿날 친구한테 사업을 같이 하자고 전화를 했다.

얼마를 투자할 수 있냐고 묻길래 정확히는 모르지만 6~8억 원 정도는 되겠다고 했다. 이후 가게 여섯 개를 4개월에 걸쳐 정리를 했다. 그냥 헐값에 직원들에게 넘긴 꼴이었다. 처음엔 세 배만 벌고 빠지겠다는 생각으로 7억 원을 과감하게 투자했고 진행 상황도 매일 보고 받았다. 그런데 결국 일이 터지고 말았다. 한 달 정도 돈이 조금씩 들어오기 시작하더니 갑자기 캄보디아에 있는 친구를 포함해 많은 사람들과 어떤 연락도 되지 않았다. 그렇게 장장 한 달이 지나도록 연락 두절 상태였다. 난 피가 마르고 점점 미쳐 갔다.

어느 날 다른 친구로부터 소식을 들었다. 친구 일행들이 단속에 걸려 국경을 넘어 도망쳤다는 소리였다. 하늘이 무너지는 기분이었다. 아내한테 말은 못 하고 소주 두 병과 참치 통조림 하나를 들고 베란다로 나가 문을 닫고 술을 마셨다. 너무 괴로워서 정말 그대로 미쳐버릴 것만 같았다.

내겐 당시 아들 하나, 딸 둘이 있었다. 내가 투자한 돈은 놀이동산 한 번 못 가고, 남들처럼 여행 한 번 못 가고 번 돈이었다. 내가 마흔다섯 살이 되면 우리 가족이 평생 쓸 돈을 벌어 놓겠다고 큰 소리 뻥뻥 호언장담하며 일에 미쳐 살았던 시간들을 한순간에 도둑맞은 듯했다. '어떻게 모은 돈인데….' 급기야 난 소주 두 병을 마신 후 뛰어내려 죽어야겠다고 생각하며 베란다에서 섰다. 그 순간이었다. 갑자기 뒤에서 "아빠 뭐 해?"하며 막둥이 나현이가 나를 부르면서 다가오는 것이 아닌가? 저렇게 예쁜 내 새끼들을 두고 순간 내가 무슨 몹쓸 생각했던 건지 후회가 밀려왔다.

사랑스런 우리 큰딸 김민서, 작은딸 김나현

다시 정신을 차리고 아내한테 있는 그대로의 사실을 모두 얘기했다. 아내는 억장이 무너지는지 연신 울기만 했다. 난 너무 미안한 마음밖에 없었다. 다시 해 보겠다고, 다시 열심히 살아 보겠다고, 우리 아이들에게 멋진 아빠로 다시 일어서 보겠다고 집사람을 달래고 또 달랬다. 그리고 아파트 주변에 비치된 구인 광고지를 다 들고 왔다. 그런데 벼룩시장, 교차로 신문을 모두 펼쳐 보아도 배운 게 도둑질이라고, 내 눈엔 식당밖에 안 보였다. 살고 있는 아파트를 담보로 대출을 받으니 1억 원 정도의 자금을 마련할 수 있었다. 곧장 부동산 여기저기를 돌며 점포를 구하러 다녔다. 하지만 자리가 좋은 곳은 권리금만 1억 원을 호가했다. 난 기가 막혀 헛웃음만 나왔다.

　돈에 맞춰 변두리에 작은 가게를 얻었다. 공사를 하고 아내와 직원 한 명과 함께 장사를 시작했다. 식당 이름은 김해 외동 '구이마당 제주고기 전문점'. 장사한 지 6개월 정도 지났을 무렵, 어느 정도 가게가 소문이 나서인지 순수익이 800~1000만 원 정도로 올랐다. 우리 다섯 식구가 먹고 살기에는 부족하지 않은 돈이었다.

　하지만 고깃집 특성상 낮에는 손님이 없었고, 또 몇 달 동안 똑같은 생활을 하다 보니 점점 바보가 되어 가는 느낌이 들었다. 7년 정도를 전국을 돌아다니면서 활기차게 일을 하던 내 몸이 이렇게 변화된 삶에 적응하지 못한 탓인지 무기력증까지 생겼다. 그러던 어느 날, 근처 부동산 하는 친구 사무실에 놀러 갔다가 우연히 친구의 친구였던 동양생명 지점장을 소개받게 되었다. 그는 명함을 주면서 차 한 잔 하러 오라고 했고, 며칠 뒤 동양생명 근처에 볼 일이 있어 나온 김에 그의 사무실에 방문했다.

엉겁결에 보험회사 사무실을 처음 구경한 날이 되었다. 이 친구는 CIS룸[1]에 나를 앉혀 놓고 10분 간 회사의 이모저모를 설명했다. 그러나 내겐 너무 관심 없는 얘기라서 곧장 중단을 시킨 다음 차후에 내가 듣고 싶을 때 다시 찾겠단 말만 남기고 사무실을 빠져나왔다. 그런데 이상하게도 난 그날 저녁, 그렇게 관심 하나 없던 친구의 얘기가 갑자기 떠올랐다.

곰곰이 생각해 보니 나쁘지 않을 것 같아서 아내한테 무턱대고 이렇게 물었다.
"보험회사 일하러 갈래?"
황당한 표정을 짓는 아내에게 난 낮 시간 동안 갈비탕 6~7그릇 정도 팔면서 가게에 내내 붙어있는 시간이 아까워서 그렇다고 했다.

---

[1] CIS룸: C. (CAREER) I. (INFORMATION) S. (SESSION). 직업 설명회, 회의, 교육 등을 하는 공간

"그럼, 혼자 가지 나랑 왜 같이 가려고 그래?"

당시 내가 생각하는 보험회사는 아줌마들밖에 없다고 생각했기 때문에 동행을 제안한 거였다.

"그래 같이 가 봅시다."

집사람은 흔쾌히 부탁을 들어주었다.

보험사마다 비슷한 조건이라면 시작을 해 볼 텐데, 정보를 알아보려 친구에게 전화를 하려했지만 망설여졌다. 그래서 난 114에 전화해서 아무 보험회사도 좋으니 전화번호 하나 좀 가르쳐 달라고 부탁했다. 그게 바로 동부화재였다. 일을 하고 싶다는 의사를 밝히고 지금은 가게 문을 닫고 갈 수 없으니 시간을 조율하자는 말을 건넸다. 그런데 그쪽에서 가게로 직접 방문하겠다는 대답이 돌아왔다. 그때는 뭐가 급하다고 당일 날, 그것도 직접 오시나 생각했다. 오후 2시쯤 지점장과 팀장이 찾아와 업무와 관련해 자세한 설명을 해주셨다. 이렇게 하면 얼마 벌고 한다는 얘기를 5분 정도 듣고 있다가 내가 알고 싶은 걸 묻고 싶은 마음이 불쑥 일었다.

"죄송하지만 제가 먼저 두세 가지 질문을 해도 되겠습니까?"

그 질문은 이런 것들이었다.

첫째, 한 달에 한 건도 못 하는 사람 있나? 없나?

둘째, 4시까지는 가게에 돌아와도 되나?

셋째, 경비 빼고 50만 원을 벌 수 있나?

100만 원도 벌 수 있다는 대답에 난 당장 다음 날부터 출근할 수 있다고 의지를 비쳤다. 그렇게 2013년 10월에 입사한 나는 바로 다음 해인 2014년에 신인 전국 1등 자리에 등극하게 되었다.

당시 내 눈엔 지나가는 사람들이나 지나가는 차들이 모두 돈으로 보일 정도로 관점이 새롭게 바뀌었다. 정말 재미나게 일했고, 그 결과 매년 연도상도 받았다. 결국 보험회사 2년 차에 고깃집을 아예 정리하고서 보험 하나에만 집중하기로 했다.

정말 좋은 직업이었다. 애들이랑 놀 수 있는 시간도 많아졌고 사회를 바라보는 내 시야도 넓어졌다. 이때 연도상 수상자 해외여행에서 서미정 부본부장을 처음 만났다. 함께 정보도 나누고 서로의 성공을 응원하면서 보험 설계사란 직업이 정말 좋은 직업이구나 생각했다. 그렇게 난 2019년도까지 6년 동안 지금의 DB손해보험에서 온 열정을 다해 근무했다.

흘러가는 시간과 세월이 아까워서 우연히 알게 된 동양생명 지점장 친구(지금은 GA 대표가 되어 있다), 그리고 114 안내원이 가르쳐

동부화재 설계사 시절

준 동부화재 전화번호 하나로 시작된 신기한 인연의 실타래. 오늘날 내가 성장의 사다리 위에 올라 설 줄은 나 자신도, 그들도 그땐 몰랐을 것이다. 그렇다. 진짜 사람 일이 어떻게 될 지는 아무도 모른다.

두 번째 꿈:
보험 설계사

선택

나는 아내와 동부화재 입사 동기이다. 아마 아내가 없었다면 지금의 나도 없었을 것이다. 내가 생각하는 보험회사는 아줌마 군단이라 생각했기 때문에 혼자 보험회사에 갈 용기가 나지 않았다. 모든 건 아내와 함께여서 가능했다.

막상 신인 교육이 끝나고 지점에 갔을 때 여자 선배님들 사이에 남자 선배님들도 몇 분 계셨다. 그렇게 보험 영업을 시작했고, 요식업을 할 때 '봉창'이라는 가게를 개점시켜 드렸던 전국의 대표님들이 나의 1차 가망고객이 되어 주었다.

하루는 대구에 계시는 대표님께 전화를 드린 적이 있다.

"대표님, 저 보험 시작했습니다."
"김 사장이 갑자기 무슨 보험이야?"
"어쩌다가 시작하게 되었습니다. 한 번 도와주십시오."

청약서를 들고 오라는 답이 돌아왔다. 신인 설계사들의 교육 담당 코치님께 도움을 받아서 이튿날 아침에 청약서를 들고 대구로 향했다. 코치님은 형광펜 줄을 쳐 놓은 곳에 서명을 받으면 된다고 알려 주셨다. 나는 그렇게 의연하게 첫 고객방문을 가게 되었다.

대구 들안길이란 곳에 있는 식당에 도착해서 인사를 드리고 청약서를 펼쳤다.
"대표님, 여기 서명하시면 됩니다."

그런데 갑자기 대표님께서 청약 내용을 내게 설명해 보라고 했다. 순간 당황했지만, 난 아무것도 모른다는 말은 못하고 설명서를 대표님께 드리면서 여기에 자세히 적혀 있으니 천천히 읽어 보시라고만 했다. 외려 순수한 내 접근이 새로운지 대표님은 허허허 웃기만 하셨다. 그렇게 청약서에 사인을 받자마자 난 바쁘다는 핑계를 대고 곧장 일어섰다.

돌아서 나오는 길에 살펴보니 청약서 종이를 얼마나 꽉 잡았던지 두꺼운 그것이 꾸깃꾸깃해져 있었다. 마치 볼품없는 내 모습 같았다. 대표님은 아마 이전의 친밀한 관계 때문에 자세한 설명도 없는 비싼 계약에 서명했을 것이다. 이렇게 준비 없이 가는 게 아니었다는 자책이 뒤늦게 찾아왔다. 너무 부끄러워서 그 순간 내 자신이 너무 싫었다. 이를 계기로 난 다음에는 절대로 대책 없이 가지 않으리라 다짐했다.

두 번째 고객 방문이 잡혔다. 청약서를 뽑아서 지점장님을 찾아갔다.
"지점장님 제가 고객이라 생각하시고 설명 한 번 부탁드립니다."
지점장님께서 풀어놓으시는 설명을 내 핸드폰에 녹음했다. 그리고 가게를 마치고 저녁에 두 딸을 불러 앉혔다. 아빠가 용돈을 줄 테니 아빠 고객이 되어 달라고 했다. 아무것도 모르는 아이들은 용돈 준다는 소리에 흔쾌히 내 부탁을 들어주었다.

처음에는 당시 일곱 살이던 막내 나현이에게 청약서를 펼치고 브리핑을 했다. 다음으로 큰딸 민서에게 설명하는데 갑자기 막내 나현이가 막고 나섰다.
"아빠! 나한테 얘기한 거랑 다르잖아!"
이렇게 두 아이를 상대로 시뮬레이션을 거친 다음 날 두 번째 고객을 만나러 갔다. 차를 타고 가는 내내 지점장님의 설명을 담은 녹음 파일을 반복 재생했다.

그렇게 난 여러 번의 연습과 실전으로 지점장 화법을 어느 정도 따라 할 수 있을 정도의 수준에 이르렀다. 한 달 내내 오후 4시까지 보험 영업을 하고, 그 이후론 다시 밤 10시까지 고기 장사를 했다. 한 달 동안 애쓴 결과는 사업단 전체에서의 1등이란 영광이었다. 국민학교 졸업 후 상장이란 걸 처음 받아 보았다. 그 기쁨은 이루 말로 표현을 못 할 정도였다.

가게를 마감한 뒤 상장을 들고 집에 온 나는 락현이, 민서, 나현이에게 아빠가 상을 받았다고 자랑했다. 우리 아이들이 손뼉을 쳐 주던 그날의 기억이 아직도 생생하다. 자리를 지키고 싶은 마음 때문이었을까? 그때부터 난 1등에 대한 욕심을 버리지 못하고 매진했고, 그 결과 12개월 동안 신인 1등을 다른 분들께 단 한 번도 내어주지 않았다. 그리고 마침내 난 2014년 신인 중 무려 전국 1등이라는 명예까지 얻었다. 너무도 행복한 나날이었다. 이에 힘입어 우린 보험회사 2년 차 때 가게도 정리했다. 그저 놀기 뭐해서 낮에 100만 원만 벌자고 시작한 보험이 이젠 아내와 내겐 완전한 전업이 되어버렸다.

오랜 꿈이었던 요리사에서 보험설계사로 전향한다는 건 쉽지 않은 일이었다. 영업이란 게 항상 잘 된다는 보장이 없다 보니 다자녀 가장인 나로서는 이런 결정을 쉽게 할 수 없었기 때문이다. 하지만 영업을 하면서 세상을 보는 시야도 함께 넓어지고 깊어졌다. 주말에 애

DB손해보험 연도대상 시상식

들과 함께하는 시간도 많아져서 좋은 점이 더 많았다. 나만 열심히 하면 우리 다섯 가족 굶어 죽지는 않을 거란 마음으로 영업에 임해 왔고, 살아남기 위해서 남들이 안 하는 영업과 고객관리를 지속해 올 수 있었다.

새로운 것에 도전하는 것을 좋아하는 성격대로 나의 영업 방식 또한 남달랐다. 그 중 대표적인 영업 노하우를 하나만 공개해 보려 한다. 영업을 시작한 지 세 번째 맞는 여름이었다. 단체 상해보험을 받은 회사 한 곳에 월납 보험료 50만 원 이상 고객 리스트만 뽑아서 '고객 감사 시원한 여름 나기' 이벤트를 벌일 계획을 세웠다.

7월 초, 수박 하우스가 있는 창원 대산을 찾았다. 주인에게 아직 수확하지 않은 하우스 한 동 가격이 얼마냐고 여쭈었다. 그런데 하우스 사장님은 대뜸 내게 뭐 하는 사람이냐고, 과일 도매를 하느냐며 마치 태어나 그런 질문을 처음 들어본다는 사람처럼 놀란 눈으로 나를 바라보았다.

"그런 것이 아닙니다. 그냥 사용할 데가 있어서 하우스 한 동을 사고 싶으니 가격이 어떻게 됩니까?"

내 질문에 아까의 의심을 거둔 주인은 하우스 한 동에서 수박을 약 550통에서 600통 정도 수확하므로 450만 원 정도 될 거라고 답하셨다. 그래서 곧바로 나는 그날 계약금으로 200만 원을 드렸다. 기분이 좋아진 사장님은 8일 뒤면 수박이 제일 달고 맛있다는 꿀 팁까지 호탕하게 공개했다.

난 바로 사무실로 들어가서 우수 고객 명단 100명을 뽑았다. 디데이 하루 전날에 100통의 초대 전화를 일일이 다 드렸다. 그리고 당일엔 트럭 한 대를 빌려서 새벽 4시에 수박 160통을 먼저 따서 단체 상해 보험을 받은 업체에 직접 찾아갔다. 출근하는 직원분들께 내 명함을 드리는 동시에 대표님이 주신 거라면서 수박 한 통씩을 나눠 드렸다. 그날 저녁 그 회사 대표님으로부터 감사 전화를 받았다. 사실 처음엔 골프용품 선물을 할 참이었지만, 그보다 더 값진 것을 준비해보자고 생각한 게 적중했다. 골프용품은 언제든지 살 수 있지만, 싱싱한 수박을 출근하시는 직원들에게 나눠 주는 일은 누구나 할 수 있는 건 아니라고 생각했기 때문이다.

그 후 대표님을 통해 다른 대표님도 몇 분 더 소개 받았을 뿐만 아니라, 출근하는 직원들께 나눠 드린 수박과 같이 드렸던 내 명함을 보고 연락해 온 30명 정도의 사람들이 그날 이후 나의 보유 고객이 되는 기적도 일구었다. 아이디어 하나가 만든 나비효과였다. 한편,

초대되었던 우수 고객 100명과 함께 들어온 차를 본 동네사람들은 매우 놀란 표정이었다. 그 동네가 생긴 이후 그렇게 많은 차가 들어온 건 처음이라고도 했다. 그리고 아줌마들께 수박을 실컷 따 가시라고 했더니 그 무거운 수박을 양손에 들고 뛰는 진풍경도 연출했다. 그날 저녁 우수고객 100분으로부터 걸려오는 전화와 문자로 내 휴대폰이 불이 날 지경이었다. 내가 이벤트를 벌인 이유가 바로 이것이었다. 난 이걸 기다리고 있었고 2만 원대 보험까지 준비해 놓은 상태였기 때문이다. 연락 오신 분들께 난 새로 나온 상품을 설명할 기회를 얻었다. 담보도 너무 좋고 보험료도 부담되지 않는다는 매력을 어필한 결과 무려 40명을 가입시켰다.

마지막으로 난 잔금을 드리려고 현금 250만 원을 들고 하우스 사장님을 다시 찾았다. 돈을 치르면서 덕분에 고객님들께 감사 선물을 너무 잘 드렸다고 하자 하우스 사장님은 나에게 직업이 뭐냐고 물으셨다.
"저는 보험회사 설계사입니다."
자신 있게 인사를 드리자 사장님의 화제가 바뀌었다. 당신의 보험료가 한 달에 40만 원씩 나가는데 담보가 뭐가 어떻게 들어 있는지 모르신다는 말씀이었다. 사모님 증권도 같이 줄 테니 본인의 집으로 가자고 하셨다. 나는 하우스 사장님께 필요한 담보만 넣어서 재설계를 해 드렸고, 그렇게 사모님을 포함해 50만 원의 보험을 받을 수 있었다.

그날 나는 하우스 사장님께는 50만 원 보험을 받았기 때문에 공짜로 하우스 한 동을 얻은 것이나 마찬가지다. 그리고 단체 상해 보험에 가입한 대표님의 소개 건, 회사 직원 30명의 보험 가입, 그리고 마지막으로 우수고객 40명 까지, 금액으로 따지면 어마어마한 숫자다. 내가 한 영업이지만 최고의 아이디어였다고 생각한다. 상품 설명은 못하는 숙맥이지만 고객님께 다한 진심이 통했기에 이런 결과를 얻었다고 본다. 난 최고가 되기 위한 노력을 거듭해 왔고, 그래서 지금 메리츠화재 본부장이 될 수 있었다.

내겐 수박 영업뿐 아니라 오렌지 영업, 계란 영업, 주차와 세차 서비스 영업 등 남들은 생각조차 못한 것을 최초로 시작해 엄청난 결과를 낸 나만의 영업 방식이 많다. 이게 아날로그 방식일 수도 있지만, 누구나 가끔은 옛날 통닭이나 구제 패션이 생각나듯, 영업에서도 옛날 방식이 정답일 때가 많다. 언제나 핵심은 진심에 있다.

한 가정의 가장으로서 평생을 책임져야 할 가족을 위해서 직업을 선택한다는 것은 정말 어려운 일이다. 나의 경우 선택의 갈림길에서 많이 고민했지만, 단 한 번도 내 선택에 대해 후회한 적은 없다. 아니, 후회하지 않으려고 두 배, 세 배 더 열심히 해왔다고 자부한다.

> 내 인생의 최고 목표는 성공이 아니다.
> 실패에 좌절하지 않고 도전하는 것이다.

세 번째 꿈:
메리츠화재 본부장

김정택 본부장입니다

　내가 메리츠화재를 알게 된 것은 2018년 5월이었다. DB손해보험에서 메리츠로 이직한 친구가 자기 본부장에게 내 얘기를 했는지 자리 한번 만들어도 되겠냐고 물어왔다. 그때 난 이직 생각이 없었기 때문에 정중히 거절했다. 또 연락이 와서 똑같이 제안 하길래 한 번만 더 얘기하면 전화를 차단하겠다고 엄포까지 놓았다. 그리고 일주일 정도 지났을까? 이번에는 아예 자기 지금 위치가 사무실 근처이고, 게다가 같은 본부에 있는 다른 친구와 함께 왔다면서 밥을 사 달라는 전략으로 바꾸었다. 어이가 없었지만 찾아온 친구를 그냥 돌려보내기가 미안해서 점심을 먹고 차를 마시면서 이런저런 얘기를 나눌 수밖에 없었다. 조심스럽게 자기 본부장한테 내 번호를 드렸다면서 미안하다고 말하는 친구를 보고 난 그냥 웃어 넘겼다.

그런데 얼마 뒤부터 그 친구 본부장에게 집요한 러브콜을 받았지만 그때마다 난 정중히 거절했다. 한 번은 저녁노을 사진과 함께 연애편지 수준의 장문의 글이 오기도 했다. 이전까지는 스카우트하려는 사람에게 보내는 기계적인 멘트들을 그냥 무시해왔던 나였다. 그런데 그날은 그 글에서 뭔가 진정성 같은 게 느껴졌다. 그리고 이분도 참 대단하다는 느낌을 받았다. 내가 그런 생각을 해서였을까? 명절에 그 본부장도 포함해 나도 인사를 보냈다. 그런데 명절 인사 이후엔 더 집요해져서 시도 때도 없이 연락이 왔다. 하루는 도저히 안 되겠다 싶어 만나기로 했다.

그러나 내 앞에 등장한 사람은 내가 생각하는 본부장 모습과는 거리가 멀었다. 아주 젊고 통통한 분이었다. 나는 내가 듣기 싫은 얘기는 대통령 할배가 얘기를 해도 안 듣는 성격이라 그런지 그가 회사 설명을 하는데 내 귀에 하나도 와 닿지 않았다. 그렇게 헤어지고 일주일이 지났을까, 카톡이 또 오기 시작했다. 자기도 바쁘지만 이 날은 마침 시간이 되는데 나는 언제 되느냐는 식이었다. 그때는 뭐 이런 사람이 나 있을까 싶었다.

강한 사람은 강한 사람을 알아본다. 징글징글했던 대시를 절반만 받아들이기로 하고 서로 일 얘기는 하지 않는다는 조건을 걸고 그냥 형님 동생 사이로 지내기로 했다. 내가 열 살 많은 형이었기 때문이다. 그렇게 1년 정도 서로 오가며 잘 지내왔다.

그런데 어느 날 술자리에서 그가 갑자기 내게 부산 메리츠화재 타워 26층에 다음날 올 수 있느냐고 물어왔다. 나는 술김에 간다고 말해버렸고, 내뱉은 말에 책임을 져야 해서 뒷날 오후 2시쯤 26층으로 올라갈 수밖에 없었다. 그 자리는 메리츠 본부장들과 메리츠 총괄님의 간담회 자리였다. 나는 타사에 근무하고 사람인데 메리츠 간담회라니! 진짜 너무 어이가 없어 웃음밖에 나오지 않았다. 더 웃긴 건, 다음 주 메리츠에서 큰 행사를 하는데 내가 간다고 하면 지금 부탁을 드려야 된다는 제안이었다. 기가 찼지만, 이런저런 사전 설명 없이 그냥 나를 보여 주면 된다는 말을 총괄님께 전하는 그 본부장의 확신이 난 별로 기분 나쁘진 않았다.

메리츠 행사에 당사 직원도 아니고 정해진 인원을 초과해서라도 참여시켜도 될 만한 사람이라 판단하고 감행했던 도박에서 이 친구는 꽤 나를 좋은 패로 생각한다고 느꼈기 때문이다. 사람과 상황을 어찌나 똑똑하게 처신하는지 참 머리가 좋은 친구라고 생각했다.

행사 당일, 집 앞까지 온 그와 함께 인천 송도 파라다이스호텔 행

메리츠드림 시상식

사장으로 갔다. 동부화재 연도상에 가면 느낄 수 있는 품격 있는 분위기였다. 그런데 입구에 들어서는 순간 한 쪽 벽에 크게 걸려 있는 현수막을 보자마자 내 귓속에서는 이명이 들리는 듯했고, 머리는 망치로 한 대 맞은 듯한 느낌이 들었다.

'꿈을 그리다.'

이 다섯 글자가 앞만 보고 달려왔던 나의 길들을 송두리째 흔들어 미로로 만들어 버렸다. 까마득히 잊고 있었다. 나도 한때 꿈을 꾸며 날마다 성장하기 위해 고군분투하며 살았던 사람이었다는 걸. 힘들어도 힘든 줄 몰랐고, 서러움에 북받쳐 눈물을 쏟아 내었을 때도 이 악물며 버티게 해 줬던 건 꿈이 있었기 때문이었다.

어릴 때는 요리사가 되기 위해 미친 사람처럼 살았다. 그런데 '꿈을 그리다.'가 쓰인 현수막을 보는 순간 내 심장은 다시 미친 듯이 뛰기 시작했다. 그 소리가 얼마나 컸던지 행사장 음악 소리보다 더 크게 들리는 듯했다. 보험업으로 전향하고 이 곳에서 무엇이든 이뤄 보겠다고 꿈꿔왔던 나인데, 더는 안 될 이유가 없다고 생각했다.

그래서 난 다음 날 출근하자마자 지점장님께 바로 갔다.
"저, 그만두겠습니다."
이 말에 입사 때부터 각별한 인연으로 친했던 지점장님은 어쩔 줄 몰라 하셨다. 그는 사무실 밖에서는 계급장을 떼고 술을 마시는 사이인데다 일도 미친 듯이 아주 잘하는 사람이었다. 그러나 난 언제나 공허했다. 그나마 나를 버틸 수 있게 해 준 건 아이들에게 보여 줄 수 있던 아빠의 상장뿐이었다. 소중한 것의 기준은 사람마다 다르다고 생각한다. 따라서 내가 중요하게 여기지 않는다고 해서 다른 사람의 중요한 것까지 마음대로 판단할 권리는 없다고 본다. 이런 점에서 동부화재는 나와의 약속을 어겼기 때문에 난 더 이상 함께 할 이유가 없다고 결론지었다. 그래서 아내를 혼자 그곳에 남겨 두고 나온다는 게 마음에 걸리기도 하고, 또 사업단장님까지 설득하러 오셨지만 내 마음은 변함이 없었다.

난 곧 메리츠 본부장한테 전화를 걸었다. 그 사람이 바로 윤별 본부장이다. 이 분께 이직하겠다고 말씀을 드렸다. 그 순간 나도 모르게 눈물이 왈칵 쏟아졌다.

"나는 먹고 살아야 합니다. 방향을 제시해 주십시오. 따라가겠습니다."

당시엔 왜 눈물이 났는지 그 이유를 나도 몰랐다. 그런데 지금 생각해 보면 책임감에 대한 두려움은 아니었을까 싶다. 그럼에도 불구하고 다시 꿈을 꾸고 싶었던 내 한 줄기 희망을 놓지 않고 싶었던 것 같다.

그렇게 난 2019년 6월 부산 북구 덕천 사무실에 처음 출근했다. 그런데 막상 출근은 했는데 할 일이 없었다. 왜냐하면 아직 내 코드가 DB로 되어 있었고, 또 아내가 그곳에서 근무하고 있었기에 내용증명 발송도 못 한 채 마냥 코드를 빼 주기만을 기다릴 수밖에 없었기 때문이다.

코드도 없이 출근한 지 일주일 되던 날이었다. 거제에 근무하고 계시는 DB 선배한테 연락이 왔다. 그 선배는 DB에서 28년째 근무하고 있는 장기 근속자였다.

"정택이 너, 메리츠 갔다면서? 나도 주현이랑 메리츠 가려고 한다."

그 말을 듣는 순간 당장 선배를 만나야겠다는 생각이 들었다.

"행님! 가신다고 결정하기 전에 나 좀 먼저 봅시다."

부산과 거제 중간에 위치한 거가 대교 근처에서 두 선배를 만났다. 가려고 마음먹은 메리츠 본부에 대한 이야기를 이것저것 듣다가 결론을 지었다.

"행님! 이왕 메리츠로 이직하실 거면 저랑 같이 합시다."

나를 잘 알지 않느냐, 잘할 자신 있으니 믿고 같이 시작해 보자는 말을 이어갔다. 나도 두 선배와 함께 한다면 천군만마를 얻은 것처럼 무척 든든할 것 같았다.

우리는 바다를 보고 섰다. 왜 DB는 누구보다 열심히 일한 사람들을 더 이상 함께 하지 못하겠다는 마음으로 돌아서게 하는 것인지, 씁쓸한 대화를 나누었다. 그때 마침 거가대교 옆 하늘에 무지개가 펼

부산경남본부 첫 워크샵 (일곱개 본부를 만들겠다는 무지개 꿈을 꾸던 시절)

쳐졌다. 마치 나의 앞날을 보여 주는 것만 같았다. 신이 난 나는 두 사람에게 저길 보라며, 저 무지개처럼 빨, 주, 노, 초, 파, 남, 보, 이렇게 일곱 개의 본부를 같이 만들어 보자고 의지를 내비쳤다. 난 자신이 있었기에 꼭 그렇게 하겠다고 강조했다.

이후, 두 선배의 결정으로 입사 두 달 만에 지점장으로 승격할 수 있었다. 나의 꿈인 본부장으로 가는 길이 가까워지고 있었고 자신감은 우주 끝까지 충만해져 있었다. 그날 이후 하루, 하루가 무척 행복했다.

여기선 40명의 매출만 맞추면 본부장이 될 수 있었다. 이건 내게 아무 일도 아니었다. 이것보다 더한 힘겨움도 이겨 내 온 나였기 때문이다. 그래서 난 매일 주문을 외웠다.
"나는 할 수 있다."
매일 몇 번을 외쳤는지 세지 못할 정도로 매일 새벽 4시면 출근했고, 이건 주말이라도 예외가 없었다. 날마다 새벽 4시에 출근하면 제일 먼저 하는 말이 '할 수 있다'는 자기암시였다. 100번 적으며 말했고, 그게 끝나면 함께 하고 싶은 조직 계보도를 그리며 그 위에 이름들을 채워 넣었다. 그 해 9월쯤 거짓말처럼 지점 인원이 29명이 되었다. 3개월 만에 급속도로 성장한 것이다.

난 매일 밤 누워 천장에다 사람들 이름을 새기면서 잠드는 게 일과였다. 3개월쯤 됐을 때는 혼자 사진관에 찾아가서 프로필 사진도 찍었다. 액자 세 개를 만들어서 사무실 책상에 하나, 집 거실에 하나, 침대 머리맡에 하나를 두고 매일 액자 안의 내 모습을 들여다보았다. 볼 때마다 "나는 본부장이다." 이렇게 확언을 외쳤다.

그런데 이런 행복한 꿈에 젖어 있던 내게 찬물을 끼얹는 일이 발생했다. 10월쯤이었다. 문제없이 성장하던 조직이 맞지 않은 몇 분들로 인해 흔들리기 시작한 것이다. 나를 무시하고 못난 리더라고 비난하는 사람들 쪽으로 내 모든 신경이 향해 있는 동안에도 아무 내색 없이 묵묵히 지켜 준 분들이 계셨다. 나는 그분들이 먼저였기에 내가 지켜드려야만 했다. 내가 본부장이 될 때까지 그저 수단으로 이용하라는 사람들도 있었지만, 나는 나를 믿고 계시는 분들을 생각하면 이런 잡음을 해결하는 시간조차 아까울 정도였다.

그래서 결국 과감하게 그 시간을 중단하고 10월에 아홉 명을 해촉했다. 그렇게 과감하게 해촉하긴 했지만 복잡한 생각에 일이 손에 안 잡혔다. 저녁에는 편의점에 들러 소주 두 병을 사서 아파트 공원에 앉아 깡소주를 마셨다. 누구의 조언도, 위로도 필요 없었다. 두 번 다시는 이런 상황을 만들지 말자며 마음을 다잡고 엉덩이를 털고 일어났다. 다시 난 미친 망아지처럼 달리기 시작했고, 당월에 새로운 다섯 명을 입사시켰다.

 11월 첫날, 거제를 포함해 26명을 부산 덕천 사무실에 전부 집합시켰다. 11월, 12월 두 달 동안 진행할 나의 계획을 먼저 얘기했다. 이번 4분기 본부장 승격에 대한 도전을 선포했다. 그러나 승격 기준에 중요한 인원과 매출이 해촉한 9명으로 인해서 부족한 상황이었다. 하지만 나는 할 수 있다고 설득했다. 두 달만 힘을 모아 보자고 용기를 북돋았다. 지금 생각해 보면 그때 리더로서 못 할 말을 참 많이 한 것 같다.

 만약 내가 본부장 도전에서 실패를 한다면 보험업을 떠날 것이므로 나를 한 번만 도와 달라고 26명 앞에서 큰절까지 올렸다. 그리고 보드 판 위에 11월 매출과 도입 목표를 개별로 다 적었다. 내겐 불가능한 것을 가능하게 하겠다는 의지를 불어넣는 일이 무엇보다 중요했다. 11월 도입 목표는 총 25명이었다. 다들 정말 얼마나 간절했던지, 심지어 노래방 도우미 일을 하시는 분들까지 고객으로 만들기 위해 새벽까지 상담을 다녔다. 그리고 1%라도 가능성이 있으신 분들은 밤낮, 주말 상관없이 무조건 O/T[2]를 잡았고, 그렇게 동서남북을 종

---

2 O/T (orientation) 신입 사원이나 신입생 등 새로운 환경에 놓인 사람들에 대한 환경 적응을 위한 교육.

횡무진 달린 결과 11월엔 위촉 14명이란 실적을 이뤄 기대 이상으로 마감할 수 있었다. 하루에 평균 수면 시간이 겨우 두세 시간 밖에 되지 않았지만 피곤하다고 생각할 시간조차 없었다.

하루를 다 써도 모자랄 시간에 난 12월 초에 지점원 전체를 베트남 여행에 모시고 간다고 약속했다. 나는 그 시간을 감안하기 위해 더 몸과 마음을 바삐 움직였다. 12월 첫 날, 어느 한 팀장이 10월에 나랑 O/T를 한 친구가 12월에 우리 쪽으로 온다는 소식을 전했다. 그 친구가 바로 지금 2지점의 김정현 지점장이다.

김정현 지점장은 메리츠화재에 오기 전 미래에셋생명에서 부지점장으로 근무하다가 이곳으로 이직을 결정한 친구다. 그렇게 정현 지점장 외 20명은 결국 베트남 여행을 떠났고, 집안 여건상 해외로 못 가시는 분들은 국내 여행을 보내 드렸다. 3박 5일 동안 베트남 여행을 다녀온 후 지점 전체가 하나가 되어 나를 뒤에서 밀기 시작했다. 12월에 최소 위촉을 3명 이상을 시켜야 안전하게 본부장으로 승격하는 기준에 적합했기 때문이다. 다행히 경력 2명, 신인 2명이란 실적으로 이 또한 12월 28일쯤 끝내 놓은 상태였다. 그렇게 나는 꿈에 그리던 본부장으로 승격했다. 그리고 나를 이어 지점장 2명, 팀장 5명의 승격으로 6개월의 고군분투했던 도전은 끝이 났다.

19년 승격한 39명의 본부장

나는 이상하리만큼 도전을 좋아한다. 그 6개월 동안 가수 서영은의 '꿈을 꾼다'란 노래를 수천 번은 불렀던 것 같다. 학력의 벽 앞에서 언제나 한계에 부딪혔지만, 난 이곳 메리츠에서 본부장의 꿈을 이뤄냈다. 나는 이제 어엿한 본부장이 된 것이다. 이건 혼자가 아니라 함께라서 가능했다. 모두 간절했고, 절실했고, 무엇보다 너무 행복했던 6개월의 지난 시간을 죽는 순간까지 잊을 수가 없을 것 같다.

그리고 이제 난 새로운 꿈을 꾼다. 그건 내가 이룬 꿈을 고스란히 서미정 부본부장, 김정현 지점장, 유은주 지점장, 민채원 지점장, 신미정 지점장, 민정숙 지점장 등 나를 믿고 따르며 나와 함께 성장을 도모했던 분들을 모두 본부장으로 만드는 것이다. 가난하고 배고파서 꾸었던 요리사의 꿈, 살고싶어서 했던 보험 설계사 꿈, 배운 것이 없어도 정말 간절했던 본부장의 꿈. 그리고 이제는 나를 믿고 나에게 힘이 되어 준 분들을 성장시키는 것이 나의 다음 목표이다. 나는 할 수 있다. 그동안 내가 꿈꿔 온 것은 다 이뤄냈다. 그래서 나는 할 수 있다. 나는 반드시 할 수 있다. 나는 결국 해낼 것이다.

새로운 꿈을 펼치게 만들어준 사람들__
서미정 부본부장, 김정현 지점장, 유은주 지점장, 민채원 지점장, 신미정 지점장, 민정숙 지점장 등

> 성공이란 선물은 아무나 가질 수 없다.
> 간절함과 절실함을 겪은 이들에게만 주는
> 보상이기 때문이다.

쉬어 가는 페이지

김정택'S 독서노트

벤저민 하디의 '퓨처셀프'

이 책에서는 현재의 나와 미래의 나를 이렇게 정의하고 있다. 미래의 나에게서 벗어날 수 있는 사람은 없다. 우리에게 있는 유일한 선택지는 대가를 '언제 얼마나' 치르느냐. 우리가 하는 모든 행동은 결국 미래의 나에게 손실이 되거나 투자가 된다. 손실을 주는 행동을 하면 미래의 빚더미에 앉게 되고, 투자가 되는 행동을 하면 미래의 나는 부유해질 것이다. 미래의 내가 빈털터리가 되고 건강이 좋지 않기를 바라는가? 아니면, 부유하고 자유롭기를 바라는가?

미래의 나에게서 건강, 배움, 재정, 시간을 빌려다 써서 미래의 나를 빚의 수렁으로 빠뜨릴수록 최종적으로 지불해야 하는 이자는 더 고통스럽고 클 것이다. 어떤 식으로든 대가를 치를 수밖에 없다. 어째서 우리는 미래의 내가 후회할 결정을 내리는가? 미래의 내가 볼 때 현재의 나는 금광에 앉아 있다. 현재의 나를 미래의 나와 연결하라. 그것이 지금 강력한 삶을 사는 방법이다.

김정택'S 노트

입구와 출구

나는 한 번씩 직원들과 면담을 할 때면 입구와 출구의 개념을 많이 대입시켜 설명을 하곤 한다. 내가 말하는 '입구는 돈이 들어오는 곳, 출구는 돈이 나가는 곳'을 의미한다. 박사, 의사, 교수, 국회의원 등의 분들이 돈 한 푼 받지 않고 일을 하고 있을까요? 봉사 차원에서 그 직업을 가지고 있다는 얘기를 난 들어 본 적이 없다. 결국 돈을 벌기 위함이다. 단지 많이 벌고 적게 버는 차이가 있을 뿐이다.

출구가 500만 원인데 입구가 400만 원이라면 삶은 어떻게 될까? 처음에는 주위 지인들과 비교하게 된다. '저 친구도 저렇게 사는데 나도 이렇게 살지'라고 판단한다. 이런 현상이 늘어날수록 부채는 산더미처럼 쌓이게 된다. 따라서 출구를 줄이고 입구를 넓혀야 한다. 하지만 나쁜 습관은 빨리 습득하는데 반해, 좋은 습관은 습득에 시간이 오래 걸린다.

나는 면담을 하면서 피면담자들로 하여금 현재와 미래를 상상하게 하고 그걸 현실에서 실천하도록 인지시켜 준다.

"당신의 5년 뒤의 미래를 상상해 보세요!"

만약 5년 뒤, 본인이 사망 원인 1위인 암에 걸렸다고 상상해 봅시다. 그렇다면 지금 자리에서 당신은 어떻게 살아가야 할까요? 10명이면 10명 모두가 암에 걸리지 않기 위해서 좋은 습관을 금방 습득할 것이다. 운동, 건전한 식생활 등 좋은 것은 다 하려고 할 것이다. 다시 질문한다. 지금 당신의 급여가 200만 원밖에 안 되지만 5년 뒤 한 달 급여가 2,000만 원이 된다고 상상해 보라. 그렇다면 현재 어떻게 일을 해야 할까요? 이런 식으로 30~40분 면담 끝에 피면담자들이 고개를 끄덕이면 난 인사를 하고 자리에서 일어선다.

PART 2

성장과 깨달음

도전은 성공의 엔진
함께라서 할 수 있다
본부장북클럽
독서를 한다는 것은
글을 쓴다는 것은
내가 나에게 주는 마지막 기회
몸이 먼저다
한근태 대표님과의 만남
일생에 한 번 고수를 만나라
고수가 되는 그날까지
깨달음

성장의 도구 1: 독서와 글쓰기

도전은 성공의 엔진

"오늘도 운이 온다."

이 말을 수십 번 외치면서 출근한다. 이런 나만의 루틴으로 2년이 지난 지금 나는 다시 만들어졌다. 그리고 독서는 눈앞에 보이는 것만 생각하고 걷고 있던 나를 새롭게 변화시켰다.

이 책을 손에 들고 있는 독자 여러분도 성공하고 싶은가? 성장하고 싶은가? 풀리지 않는 해답을 찾고 싶은가? 그렇다면 독서를 하라고 말하고 싶다. 정답은 책 속에 있기 때문이다. 그리고 글을 쓰길 바란다. 내가 찾은 집중력 또한 글쓰기에서 나왔기 때문이다.

한 분야에서 성공을 거두려면 최고의 프로가 되어야 한다. 그렇다면 우린 어떤 사람을 프로라고 할까? 프로라면 어떤 이미지가 연상되는가? 자기 일에 대한 해박한 지식을 통달한 사람? 대단한 학력과 지적 능력을 갖춘 사람?

영업과 관리는 동일하다. 영업에서 프로는 뛰어난 실적을 올리는 사람이다. 자기가 판매하는 상품에 대해 모르는 것이 없고, 대단한 인적 네트워크를 자랑해도 실적이 저조한 사람을 프로라고 말하지는 않는다.

축구선수 손흥민이 대단한 축구 천재라도 경기에서 번번이 골을 넣지 못한다면 아무도 그를 응원하지 않을 것이며 프로라고 여기지도 않을 것이다. 즉, 프로는 자기 분야에서 최고의 생산성을 내는 사람이다.

예전의 삶처럼 눈앞에 보이는 것만 좇았다면 지금의 나는 없었을 것이다. 메리츠 금융 지주 김용범 부회장님의 독서 경영이 아니었다면 나 역시 이런 생각을 하지 못했을 것이다. 부회장님은 눈앞의 파도만 보고 있는 우리를 바람을 보게 하셨다. 그래서 지금의 내가 존재한다고 확신한다. 아마 내가 독서를 하지 않았다면 더 이상의 도전은 하지 않았을 것이다. 그리고 눈앞에 보이는 파도만 보고 살면서 파도가 생기는 이유조차 궁금해 하지 않았을 것이다.

영화 '관상'에서 송강호 씨가 했던 이 대사를 나는 좋아한다.
"난 사람의 얼굴을 봤을 뿐, 시대의 모습을 보지 못했소. 시시각각 변하는 파도만 본 격이지. 바람을 보아야 하는데, 파도를 만드는 건 바람인데 말이오."

도전은 성공의 엔진이다. 나는 또 다른 도전 할 것이며, 그래서 오늘 하루도 어김없이 미친놈처럼 날뛸 것이다. 내가 가고자 하는 정상에 오를 때까지 말이다. 나는 지금 이 순간도 나를 위해서 바람을 볼 것이고, 나를 믿고 따르는 이들의 꿈이자 바람이길 원한다.
"도전은 나의 심장이자, 나의 바람이다."
이렇게 도전이란 바람을 보게 해 준 김용범 부회장님께 감사를 드린다. 그리고 이 책을 읽으시는 여러분께도 '꿈을 꾼다'는 것은 진정한 행복을 찾는 것이라고 말해드리고 싶다. 한 달의 꿈, 6개월의 꿈, 1년의 꿈, 3년의 꿈, 이렇게 작은 꿈 하나부터 차근차근 꿈을 이루고 성취감을 느끼면서 그 부피를 점점 넓혀 보길 바란다.

마지막으로 개인적으로 무척 좋아하는 윤도현 밴드의 '흰 수염 고래'란 제목의 노래를 들려드리고 싶다. 다시 말하지만, 도전하라. 그리고 독서하라. 우리가 꿈꾸는 정답은 책에 있기 때문이다.

흰수염고래

작은 연못에서 시작된 길
바다로, 바다로 갈 수 있음 좋겠네
어쩌면 그 험한 길에 지칠지 몰라
걸어도 걸어도 더딘 발걸음에
너 가는 길이 너무 지치고 힘들 때
말을 해줘 숨기지 마 난 혼자가 아니야
우리도 언젠가 흰수염고래처럼 헤엄쳐
두려움 없이 이 넓은 세상 살아갈 수 있길
그런 사람이길
더 상처받지 마 이젠 울지 마 웃어 봐
너 가는 길이 너무 지치고 힘들 때
말을 해 줘 숨기지 마 난 혼자가 아니야
우리도 언젠가 흰수염고래처럼 헤엄쳐
두려움 없이 이 넓은 세상 살아 갈 수 있길
그런 사람이길
너 가는 길이 너무 지치고 힘들 때
말을 해줘 숨기지마 난 혼자가 아니야
우리도 언젠가 흰수염고래처럼 헤엄쳐
두려움 없이 이 넓은 세상 살아갈 수 있길
그런 사람이길.
그런 사람이길……

성장의 도구 1:
독서와 글쓰기

함께라서 할 수 있다

"그때 내가 참 어리석었었구나."

이 사실을 깨우쳤을 때 비로소 성장한 것이라고 한다. 내가 메리츠화재를 다니면서 가장 크게 변한 것이 바로 이 '성장'이다. 이 곳은 직장을 넘어 내 인생에 자기 성장감을 중심으로 살아갈 수 있게 만들어 준 곳이다. 업무의 중심은 성장에 있다. 그래서 난 조직을 운영하면서 조금씩 변화를 도모했다. 참을성을 기르고, 다른 사람의 관점을 존중하면서 내가 성장할 수 있도록 조금씩 그릇을 다지는 시간을 만들었다. 이런 과정이 없었다면 지금의 나도 없었을 것이다.

내 성장의 시작점은 본부장 북클럽이다. 책을 억지로 읽고 초등 수준의 글을 쓰던 내가 배우고 성장하며 느낀 것을 본부 식구들에게도

전하고 싶었다. 그래서 본부 북클럽을 시작한 것이다. 산하 지점장, 팀장, 매니저 등 총 15명 정도를 대상으로 강제로 진행했다. 처음에는 모두가 거부의 저항으로 몸부림쳤지만, 생각보다 빨리 적응해서 두 번째 북 클럽 때는 참여자들이 전부 행복해 하는 느낌을 받았다.

한근태 대표님의 '몸이 먼저다'를 함께 읽고 사전 과제를 제출하고 발표를 했다. 발표를 할 때 놀랄 일이 많이 생겼다. '와! 저분에게 저런 면이 있었나?'
이런 생각이 들 만큼 각자의 신념을 바탕으로 책을 읽고 느낀 바에 대한 해석을 너무나도 잘 해냈기 때문이다. 이어 사전, 사후 과제 역시 혼자 보기 아까워서 책으로 만들어야겠다는 생각까지 하게 됐다.

나는 책을 쓰기 위해 자신을 단련하는데 힘썼다. 아침 30분, 저녁 30분, 이렇게 하루 한 시간은 무조건 책을 읽었다. 이따금 욱하고 올라오는 건 어쩔 수 없다고 생각했지만, 책을 읽다 보니 많이 유해진 건 사실이다. 어느 날, 어떤 일로 인해 평소처럼 화가 슬슬 치밀어 올랐지만, 책을 읽어야 하는 시간인지라 인상을 쓴 채로 책을 읽어 내려갈 수밖에 없는 경우가 생겼다. 그런데 어느 순간 놀랍게도 내 화가 나도 모르게 사라진 것을 느꼈다. 책이 사람의 마음까지 다스린다는, 난생처음 경험한 느낌이었다.

스토리를 조금씩 구상하고 한 분, 한 분에 대해 써 내려가다 보니, 그들이 내게 얼마나 감사한 분들인지 새삼 그분들의 존재감을 새롭게 느낀다. 나보다 뛰어난 분들인데 내가 방향을 못 찾아 주고 있는 건 아닌지, 미안함에 몇 번이고 코끝이 시큰거렸다.

"여섯 분 리더님들의 꿈이 뭐예요?"

이렇게 질문을 던졌을 때 1초 망설임 없이 "저는 본부장 되는 것이 꿈입니다."라고 대답하는 그날까지 나는 멈추지 않을 것이다. 이 사람들에게서 손을 놓지 않을 것이다.

고명환 작가님의 책 글귀 중에 이런 말이 있다.

"내가 하고 싶은 일을 한 문장으로 말할 수 있다면 백 퍼센트 성공한다."

본부장 워크샵중 개그맨 고명환씨의 강의

"식당은 힘들어야 돈을 번다."

육수를 받아서 사용하는 업소가 대박을 바라는 것은 미친 생각이다. 편하게 돈을 벌겠다는 것은 사기꾼에 다름 아니다. 그건 고객에 대한 배신이다. 육수를 만들기 위해 가게에서 24시간 불 앞에 서 있어야만 한다. 잠시 눈을 감았다가는 육수를 뽑기 위한 부재 물이 눌어붙어버린다. 그럼 쓰레기통에 버리고 모든 것을 다시 처음부터 해야 한다. 내가 하는 일도 마찬가지다. 조직을 생각하는 마음에 진정성이 없다면 절대 통하지 않는다. 그건 대충 받아서 사용하는 육수와 같기 때문이다.

앞으로 더 험난하고 힘든 고통이 우릴 기다리고 있을 수도 있다. 인생이란 원래 먼 길을 도는 것이다. 그러나 난 혼자 애태우게 두진 않을 것이다. 어려움을 마주할 때마다 지금처럼 함께 헤쳐 나갈 것이다. 겪을 것은 겪어야만 알게 되는 것도 있다. 그렇기 때문에 피하지 않을 것이다. 멀리 돌아야 많이 볼 수 있고, 많이 봐야 많이 알 수 있다는 관점의 전환이 필요하다. 길은 우리가 함께 바라보는 곳에서 반드시 열릴 것이다.

성장의 도구 1: 독서와 글쓰기

본부장북클럽

2022년 5월, 본부장 워크숍에서 이제부터 본부장 대상 북클럽을 진행한다는 발표가 이루어졌다. 그건 부회장님의 지시였기에 본부장들은 이유 불문하고 무조건 할 수밖에 없는 것이었다. 읽고, 과제 준비하고, 북클럽을 할 시간에 나 같으면 차라리 일을 시키겠다는 하수 같은 생각을 그때는 할 수밖에 없었다. 1년에 책을 한 권 읽을까말까 하는 나에게 독서는 고통의 시간이었다. 그건 책을 읽는 게 전부가 아니고 읽고 과제를 제출해야 했기 때문이었다. 그때 난 속으로 책이라도 다 읽으면 그나마 다행일 거라고 생각했다.

첫 번째 책은 한근태 대표님의 '일생에 한 번은 고수를 만나라'였다. 비행기 안에서 책을 읽는데 눈으로 글만 읽어 내려갈 뿐, 머릿속엔 하나도 들어오지 않았다. 글은 눈으로 읽으면서 머리는 다른 생각 하고 있는데 무슨 글이 이해되고 머릿속으로 들어오겠는가? 이후, 난 사전 과제를 제출하기 위해 책을 열어 본 게 전부였다.

사전 과제 중 첫 번째는 '한근태 대표님과 독서 토론을 통해서 무엇을 얻고 싶은지?'였고, 두 번째는 '요즘 나의 고민, 또는 나의 관심사'였다.

나의 관심사는 영업 가족들의 성장이었다. 여기에 한근태 대표님께서 이렇게 해답을 주셨다.
"직원의 성장을 바라시는군요? 최선의 방법이 뭔지 아세요? 본인이 성장하는 겁니다. 압도적 우위를 갖는 겁니다. 공부 외에는 방법이 없습니다."

그 당시에는 그 말을 이해하지 못했었다. 그러나 수십 권의 책을 읽고 정보미팅 때나 리더 회의 때 영업 가족들에게 내가 책을 읽고 기억나는 것이나 가슴에 와 닿는 문구들을 자료로 만들어 내용을 전달하면서부터 대표님의 뜻을 이해하게 되었다. 내가 책을 통해 생각과 모든 것이 이렇게 변화될지는 나 자신도 몰랐다.
"본부장님! 똑똑해졌어요."

언제부턴가 영업 가족들이 전해주는 이 말에 난 더 열심히 읽었고, 책 내용을 내 것으로 만들기 위해 많은 노력을 기울였다.

'일생에 한 번은 고수를 만나라'를 다시 읽었다. 수많은 챕터 중에서 기억나는 문장은 바로 이것이다.
"고수들은 학위를 받은 이후에 더욱 노력한다. 박사라는 것이 대단한 것이 아니란 사실을 알기 때문이다."

'박사'를 '본부장'으로 대체해 보아도 맞는 말이다. 처음에 난 본부장이 되면 끝인 줄 알고 본부장 승격할 때까지 미친 듯이 열심히 달렸다. 그러나 승격 후엔 한동안 놀았다는 깨달음이 번쩍 들었다. 지금 이 순간까지 깨닫지 못했다면 아마 매일 매일 힘든 하루를 보내고 있었을 것이다. 이렇게 '변화'할 수 있음에 김용범 부회장님, 한근태 교수님께 항상 감사한 마음을 갖게 된다.

지금처럼 상대를 이해할 수 있는 여유와 본부 운영에 필요한 부분에 집중했더라면 나를 떠나간 이들에게 덜 미안했을 거란 생각을 해 본다. 예전에는 왜 그렇게 옹졸했을까 성찰을 하게 된다. 무슨 공부와 연습을 해야 되는지 원리만 알았더라면 그들이 그렇게 떠나게 두지 않았을 것이기 때문이다. 뒤늦은 후회는 하지만, 원리를 알고 기본을 갈고 닦으면서 배운 게 더 많으니 두 번 다시 그런 실수는 하지 않을 것이란 확신이 든다. 이것 또한 내가 책을 통해 얻은 소중한 가치다.

알렉산더 벨의 말 중에 '초점을 맞추기 전까지 햇빛은 아무 것도 태우지 못한다.'는 말이 있다. 그렇다. 하나도 제대로 하지 못하면서 여러 일을 벌이는 것은 미친 짓이다. 지금 하는 일에 집중을 해도 될까 말까하는 세상이다. 쓸데없는 일에 에너지 낭비하지 않고 내가 잘하는 일, 잘할 수 있는 일을 찾아 집중하는 편이 낫다. 책을 읽는 것도 엄청난 집중이 필요하다. 요즘 난 아침저녁으로 책을 읽고 글을 쓸 때면 시간 가는 줄 모르고 집중하게 된다. 이런 날은 출근길도 행복하다.

어느 아침 조회 시간 마지막에 난 이런 말을 했다.
『여러분들, 혹시 밥그릇을 걸어 보셨습니까? 학교 선생과 학원 선생 중 누가 더 치열하게 공부할까요? 확률적으로 학원 선생입니다. 왜냐하면 그들은 매달 평가를 받기 때문입니다. 학생과 학부모들이 만족하지 않는 순간 그들은 바로 아웃입니다. 우리가 하는 일을 잠시 생각해 보십시오. 만약 주어진 목표를 채우지 못하면 100%, 90%, 80%마다 점수가 10점, 9점, 8점, 점수를 매긴다고 생각해 보십시오.

내가 아니면 우리 집은 굶어 죽는다. 최소 9점은 받아야 이곳에서 살아남을 수 있다고 생각해 보셨습니까? 이렇게 간절하게 생각해 본 적이 있으십니까? 내가 아니어도, 내가 여기서 덜 벌어도 난 살 수 있다는 믿는 구석이 있기 때문입니다. 여러분들 11월 30일까지만 '밥그릇을 걸어 보십시오.' 내가 아니면 우리 집은 굶어 죽는다. 이런 마음으로 11월 30일까지 살아 봅시다.』

한 TV프로그램에서 진행자가 탤런트 윤여정 씨에게 "언제 제일 연기가 잘 됩니까?"라는 질문을 던진 적이 있다. 그때 그녀는 이렇게 답했다. "생계가 달려 있을 때 제일 잘 됩니다."

이런 절박함과 간절함을 가진 여러분 모두를 사랑합니다.

성장의 도구 1:
독서와 글쓰기

독서를 한다는 것은

input 없이는 좋은 생각할 수가 없다. 그건 팥(앙고) 없이 붕어빵을 만드는 것과 같기 때문이다. 그러므로 output보다는 input이 많아야 한다. 책을 읽고 와 닿는 내용을 정리하면서 공부가 되고, 자신의 그 배움이 생각의 품질 또한 높아지게 한다.

글을 쓸 때나 대화를 할 때 은연중에 그 책 저자의 생각과 내 생각이 섞여 나오는 걸 느낄 때가 있다. 이건 정말 놀라운 현상이다. 신비롭다는 표현이 어울릴 정도로 처음 느껴 보는 행복한 경험이었다. 내겐 이게 바로 '독서'의 힘이었다. 독서는 완전히 자신과 일치하는 사람의 의견을 듣기 위한 것이라기보다는 내면의 마찰을 자신의 힘으로 바꾸는 법을 연습하기 위한 행위다. 이를 통해 자신과 다른 의견도 마음에 담을 수가 있게 된다. 그런 포용력을 갖추게 되면 도량이 넓어지고 강력한 지성까지 단련된다. 그리고 '나 혼자만의 경험이 아니었구나'하는 생각이 삶의 용기를 불어넣어 준다. 체험 자체가 중요한 것이 아니라, 체험의 의미를 확실하게 깨닫고 이를 살려 앞으로의 삶을 꽃피우는 일이 더 중요하다. 체험의 의미를 마음 깊이 되새기면서 이를 바탕으로 나아가야 한다.

그런 삶의 방식에 독서가 큰 도움이 된다. 뛰어난 저자가 자신과 같은 경험이나 의견을 펼쳐놓으면 안심하고 자신을 긍정할 수 있기 때문이다. 입맛에 맞는 저자만 골라 읽는 것은 좁은 독서 방식으로 여겨질 수 있지만, 독서를 처음 시작할 때는 특히 공감하며 읽을 수 있는 책이 바람직하다. 이는 사이토 다카시의 '독서력'이란 책에서 강조한 내용이다.

마지막으로 독서를 하게 되면 얻는 이점 중 가장 큰 건 무얼까 생각해 보자. 전기, 시, 미스터리, 동화, 단편소설, 논픽션, 각본, 장르 소설, 에세이, 자기 계발 등 정말 다양한 책의 저자들, 유명인과 단독으로 얘기를 나누고 들을 수 있는 기쁨이 바로 그것이다.

성장의 도구 1: 독서와 글쓰기

글을 쓴다는 것은

 안주한다는 것은 흐르지 않는 물과 같다. 물은 흘러야 한다. 흐르는 물에는 미생물이 생식 작용을 할 수가 없다. 멈춰 버리는 순간 녹조가 생기고 물은 썩어 버린다. 몸도 마찬가지다. 움직여야 건강해지고 활기가 생기고, 그래야 일에 적극성도 가질 수 있다. 내가 안주하면 조직은 가라앉고 무너진다. 작은 성공과 일시적 성과에 안주하거나 자만하지 말아야 한다.

 특히 실패에도 담대한 모습을 유지해야 한다. 도전의 루틴을 증명해 보이며, 조직원들도 함께 발전하고 있다는 것을 느끼게 해줘야 한다. 그래서 난 꾸준히 독서를 하고 글을 쓰고 있다. 최근 두 달 동안 글을 집중적으로 쓰게 된 동기는 첫 번째가 본부의 성장이지만, 이

분의 도움이 없었다면 속도를 이렇게 낼 수 없었을 것이다. 이 분은 내가 처음 만난 내 인생의 고수 '한근태 대표님'이시다.

매일 나는 글을 쓰고 밤 12시~새벽 1시 사이에 쓴 글을 그분께 보낸다. 두 달 정도 죄송할 정도로 정말 많이 귀찮게 해드렸다. 하지만 단 한 번도 글 하나, 피드백 하나 놓치지 않으시고 새벽 4시~5시 사이에 보내 주신다. 피드백을 받고 다시 읽고 글을 쓰는 지금 내 스스로 느낄 정도로 '집중력'이 많이 개선되었다. 그리고 나 스스로 성장하는 게 느껴진다.

오른쪽 내용은 한근태 대표님의 첫 피드백 내용과 최근에 해 주신 피드백을 갈무리 한 것이다.

"어제는 제주에서 하루 종일 강의가 있어 지금에야 글을 읽으면서 고쳐 봤습니다. 오자 탈자도 있고 띄어쓰기도 서툴지만 글에서 진정성이 느껴졌습니다. 아버지 사고 얘기, 어머니 얘기를 보면서 저도 모르게 눈물이 났습니다. 제가 고쳤으니 비교하면서 소리 내어 읽어 보세요. 어떤 차이가 있는지 느끼면 점점 글은 좋아질 겁니다."

"굿모닝!! 참 감동적인 글입니다. 술술 잘 읽혔습니다. 사기를 친

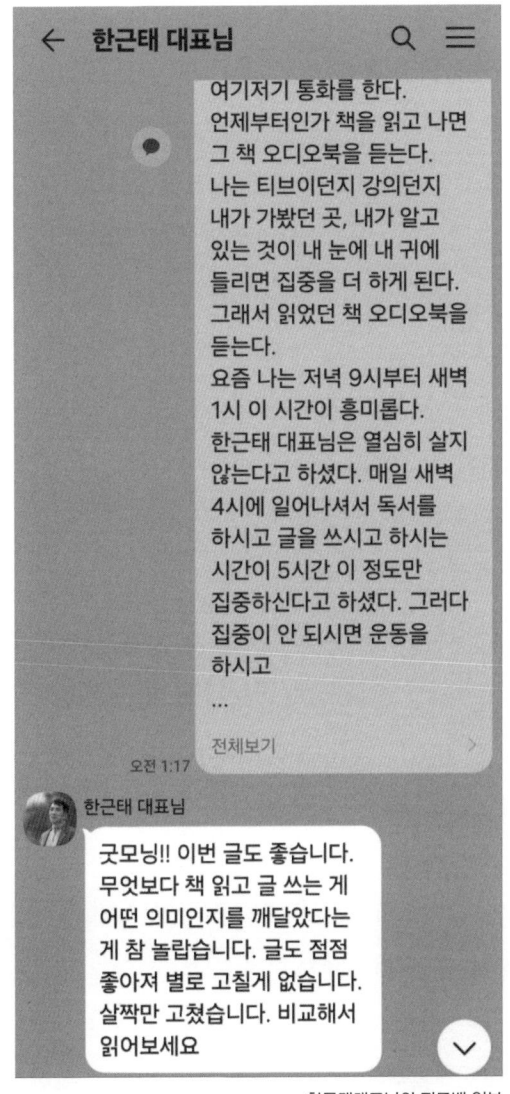

한근태대표님의 피드백 일부

친구의 근황이 궁금합니다. 동부화재가 어떻게 약속을 지키지 않았는지 내용이 포함되면 좋을 것 같아요. 무엇이든 읽는 사람이 궁금하면 안 되거든요. 글은 장문보다는 단문으로, 가능한 꾸미는 말은 줄이고, 쓸데없는 말은 안 하면 훨씬 깔끔해졌습니다. 조금 고쳤으니 비교해서 읽어 보세요. 글을 쓴 후에는 소리 내어 읽고 뭔가 걸리면 고치세요."

"굿모닝!! 아빠의 유산 글이 참 좋아요. 틀림없이 그리될 겁니다. 조금 고쳤습니다."

"굿모닝!! 아내분 몸이 어떻게 아픈 건가요? 아내도 일을 하시나요? 이번 글은 정말 좋네요. 점점 글이 좋아지는 걸 확실히 알겠습니다. 아주 잘 쓰셨습니다. 조금 고쳤으니 소리 내어 읽어 보세요. 비교하면서 읽어 보세요. 어디가 어떻게 달라졌는지."

"굿모닝!! 글이 확 좋아졌습니다. 이런 식으로 꾸준히 매일 써보세요. 확실히 많이 성장했고 앞으로도 성장이 기대 됩니다. 조금 고쳤습니다. 소리 내어 읽어 보세요."

"굿모닝!! 글이 빠른 속도로 좋아지고 있습니다. 고칠 게 확 줄었습니다. 아주 좋아요. 찜질방 사례가 재밌어요."

"굿모닝!! 이번 글도 좋습니다. 무엇보다 책 읽고 글 쓰는 게 어떤 의미인지를 깨달았다는 게 참 놀랍습니다. 글도 점점 좋아져 별로 고칠 게 없습니다. 살짝만 고쳤습니다. 비교해서 읽어보세요."

"굿모닝!! 이제 루틴이 많이 잡혔네요. 운동과 독서의 즐거움도 많이 느끼는 것 같네요. 글도 많이 좋아졌습니다. 소리 내어 비교하면서 읽어 보세요."

"책을 읽고 필사를 해야 합니다. 필사한 걸 지식 냉장고에 보관하면 훨씬 좋은 글을 쓸 수 있습니다. 필사란 남의 문장을 내 것으로 만드는 일이다. 좋은 문장을 내 뇌에 새겨 넣는 행위다. 단순히 베껴 쓰는 행위처럼 보이지만 생각보다 훨씬 지적인 행동이다. 진정한 필사는 종이 위에 베껴 쓰는 것이 아니라 영혼 속에 새겨 넣는 것이다."

"굿모닝!! 이 글도 참 좋네요. 지금처럼 짧지만 강력한 글을 써보세요. 최근에 쓴 리프레임 보셨나요? 괜찮으면 구성원들에게 나눠 주고 독서 토론회 한번 하세요."

받은 피드백 내용의 전부는 아니지만 피드백 내용만 읽어도 나는 기분이 좋다. 칭찬을 받아서 좋은 것도 있지만, 유년 시절부터 지금까지 한 번도 이렇게 피드백을 받아본 적이 없기 때문이다. 그냥 어릴 때부터 나 혼자서 생각하고 판단하고 실행할 수밖에 없었기에 지금의 피드백이 얼마나 좋고 감사한지 모른다. 그래서 지금의 피드백이 1년 뒤, 10년 뒤 나의 성장에 어떤 방식으로 밑거름이 되었는지 확인하고 싶어서 이렇게 남겨본다.

> 할 수 있다고 생각하면 다 이룰 수 있을 것이다.
> 굳은 신념만이 승리를 맛보게 할 것이다.

성장의 도구 2:
운동

내가 나에게 주는 마지막 기회

김용범 부회장님께서는 업계 꼴찌였던 우리 회사를 아메바 경영 혁신으로 3위까지 성장시켰다. 난 아메바 경영이 무엇인지 몰라서 이나모리 가즈오의 '아메바 경영'이란 책까지 읽은 적도 있다. 부회장님은 정체된 회사 분위기를 살리기 위해서 본부장들에게 독서와 운동이라는 선물을 주셨다.

부회장님은 20년 동안 아침에 108배를 하고 집무실에선 수시로 운동하신다고 한다. 그리고 운동과 독서를 통해 안주하고 있는 우리를 깨우치고자 한근태 대표님도 소개했다. 그의 두 번째 도서는 '몸이 먼저다'이다. 이 책을 읽고 헬스 붐이 일었었다. 하지만 나는 독서와 운동에는 관심이 없었기에 어쩔 수 없이 하는 척만 했었다. 그저 내가 처한 현 상황에 힘들어하면서 일주일에 4일을 술로 보냈다. 이 책에서 말하듯, 난 내 몸을 의사에게 외주를 준 채 혈압, 고지혈, 당뇨, 감기몸살을 달고 살았다. 의사들 주머니를 채워 주는 최고의 고객이었던 셈이다. 몸이 힘드니 만사가 귀찮고 수시로 짜증만 내면서 괜히 회사 원망만 하던 못난 놈이었다.

그러던 어느 날, 어느 한 지점장이 내게 "본부장님 건강 챙기시죠. 본부장님은 우리의 유일한 빽입니다."라는 얘기를 건넸다. 난 이 말에 정신이 번쩍 들었다. 이러려고 메리츠에 오지 않았는데 왜 이러고 있나, 나 스스로에게 질문을 했다. '너 낙오자가 될 거야? 패배자가 될 거야?' 이렇게 스스로를 다그쳤다. 메리츠에 오기 전엔 화를 내 본 적도, 짜증을 낸 적도 없던 나였는데 왜 이렇게 달라졌을까 하는 성찰이 일었다. 그리고 중요한 질문을 내게 던졌다.
'정택아, 앞으로 어떤 삶을 살고 싶은데?'

주위 분들이 나를 보고 가장 많이 했던 말이 "강철 부대 나가 봐라. 너는 괴물이다."라는 말이었다. 그 정도로 난 부지런했고 한시도 몸을 가만히 두지 않았다. 정신이 육체를 지배한다는 생각으로 살아왔기 때문이다. 그리고 반대로 생각도 해 보았다. '육체가 정신을 지배한다면 어떤 결과가 나올까?' 그래서 뒷날부터 난 바로 새벽 운동을

내가 운동을 시작하게 된 이유

시작했다.

코로나 전에는 퇴근 후 하루도 빠짐없이 배드민턴을 5년 정도 다녔다. 사회인 대회 남자복식에서 우승도 두 번이나 했던 나다. 그런데 코로나로 인해 몇 달 운동을 하지 못하니 근육이 줄어들고 힘도 안 나고 자신감까지 떨어졌다. 운동을 하면 여러 호르몬이 분비되어 좀 더 저돌적이고 공격적인 성향을 띠게 사람을 변화시킨다. 테스테론은 관계가 좋지 못한 부부들에게 처방되는 치료제이기도 할 정도로 운동에서 나오는 에너지가 무궁무진하다는 것을 어느 누구보다 잘 아는 나였다.

운동한 지 298일째 되는 날이다. 우리 집에서 5분 거리에 운동장이 있다. 새벽 5시에 일어나서 40분 정도 운동장을 걸으면서 하루를 설계한다. 몸을 움직여 만들어지는 에너지로 머리와 마음을 정화시켰다. 시작한 지 두 달째엔 영업 가족 중 두 분이 동참했다. 한명희 팀장님과 김명숙 FP님이다. 모두 60이 넘은 나이에 열정이 대단하신 분들이다.

다이어트는 요요가 있지만 새벽 운동은 요요가 없다고 한다. 하지만 나는 단순히 살을 빼기 위해서 새벽 운동을 하는 것은 아니다. 정신건강을 우선 챙기기 위함이다. 아침에 일어나면 차를 한 잔 마시고 운동부터 나간다. 40분 걷고 샤워를 하면서 거울에 비친 내 얼굴을 보면서 웃는 연습도 한다.

사이토 히토리의 '부자의 운'이라는 책에서 '최고의 관상은 웃는 얼굴입니다.'라는 글을 접하고 난 후부터 난 아침에 웃는 연습을 추가했다. 다이소에서 3천 원짜리 거울을 사서 사무실 책상에 두었다. 출근하면 거울을 보면서 미소를 한 번 지어 본다. 요즘 사무실 가족들이 "본부장님 피부가 좋아졌어요. 눈도 커졌어요." 이렇게 한 번씩 이런 말을 들을 때면 또 반성을 하게 된다. 진작 할 것을, 왜 그렇게 멍청한 삶을 살았는가 하고 말이다.

글을 쓰면서 생긴 변화는 중요한 자리가 아니면 저녁 약속을 하지 않고 퇴근 후 바로 집 근처 사우나로 간다는 점이다. 반신욕을 하면서 떨어지는 땀방울을 보며 하루를 정리해 본다. 그러면 아침에 하는 운동과 독서와 글쓰기에 집중도 잘 될 뿐 아니라, 하고자 하는 의욕까지 충만해지는 경험을 하게 된다. 지금은 100분의 1만을 맛 본 정도지만 나중엔 내가 어떻게 변해 있을지 나 자신도 무척 궁금해진다.

우리 아버지는 사고로 40년을 불구의 몸으로 이 세상을 살다 가셨다. 친구는 젊은 나이에 간암으로 내 곁을 떠났다. 진짜 '몸이 먼저다'. 내 몸이 건강해야 무슨 일이든 할 수 있기 때문이다. 그러므로 이 좋은 세상을 행복하게 누리려면 두 가지만 하면 된다. 정신건강에는 독서, 몸 건강에는 운동이다. 이 두 가지만 실천하면 긍정이라는 엄청난 에너지가 생긴다. '문무를 겸비한'이라는 수식어도 있지 않는가? 인간은 간사한 동물이어서 내가 몸으로 직접 느끼는 것을 절대적으로 신뢰하기 마련이다. 많은 책을 읽진 않았지만, 읽은 책 중에 나에게는 최고의 책이 바로 '몸이 먼저다'인 이유이다.

우리 건강하게 살아 봅시다.

성장의 도구 2:
운동

몸이 먼저다

본부장 북클럽 두 번째 책을 세 번째 읽는다. 처음 읽을 땐 본부장 북클럽 과제 때문에 대충 읽었다. 두 번째는 본부 북클럽을 하면서 완독했다. 어제 아내를 입원시켰다. 올해만 벌써 두 번째 입원이다. 저렇게 아픈 이유가 있을 텐데 왜 자기 몸 하나를 지키지 못하고 저러는 걸까? 회사 일과 집안일에 대한 스트레스 때문일까? 퇴원하면 싫어하는 운동을 반강제라도 시킬 생각에 세 번째로 책을 다시 읽게 된 것이다.

나는 살을 빼기 위해서 새벽 운동을 하지 않았고 지금도 그건 같은 생각이다. 살을 빼려면 굳이 추운 날이나 비바람 부는 날, 술 마시고 피곤한 날 새벽에 나갈 이유가 없기 때문이다. 작년 2월, 황폐해진

정신 상태를 다잡기 위해 새벽 운동을 시작했다. 이 루틴을 난 밤낚시 가는 날과 워크숍 있는 날 외에는 한 번도 버린 적이 없다. 주위에선 요즘도 달리기하느냐고 내게 묻는다. 그러나 나는 달리지 않는다. 회사에서 달리는 영상을 찍은 후, 내가 매일 뛰는 줄로 알고 있나보다. 하도 질문을 많이 받아서 그냥 "네." 하고 말아 버린다. 처음 시작할 때 몸무게 109킬로였는데, 그 무게로 달리기를 지금까지 했다면 내 무릎관절엔 이미 인공관절이 들어가 있어야 한다. 육중한 내 몸을 무릎 연골이 버티지 못할 게 뻔하기 때문이다. 그래서 난 한 번도 뛰어 본 적이 없다.

내게 새벽 운동은 최고의 명상 도구이다. 30~40분 걷다 보면 하루를 정리하고 계획할 수 있다. 황폐해진 정신 상태를 바르게 잡을 수도 있다. 예전에는 열 받으면 술을 마셨는데 새벽 운동을 한 이후론 화났을 때일지라도 웬만하면 술을 자제하게 되었다. 술 대신 운동으로 몸을 괴롭혔다. 자연스레 마음이 정리

새벽운동 296일째

되면서 습관이 되어갔다. 만약 내가 운동을 억지로 했다면 습관이 되지 않았을 것이다.

내게 변화가 필요했기 때문에 난 운동을 시작했다. 억지로 몸을 움직여야 한다면 그 무슨 일이든 그것은 노동이며, 억지로 몸을 움직일 필요가 없다면 무슨 일이든 그것은 놀이라고 한다. 너무 공감이 되는 말이다. 나는 새벽 운동을 통해 복잡한 삶을 치유했고, 화를 다스렸고, 나도 모르는 능력을 찾을 수 있었다.

근육을 키울 목적으로 살을 빼려고 하지는 않았다. 나의 잘못을 반성하면서 한 계단, 한 계단 올랐을 뿐이다. 그 고비를 넘길 때마다 머리가 굉장히 맑아지는 느낌을 받는다. 그때부터 살도 조금씩 빠졌다. 억지로 한 것이 아니기 때문에 나는 그 고통을 즐길 줄 알게 되었다. 살을 빼려고 했으면 그 고비를 과연 넘길 수 있었을지 의문이다.

모든 운동은 한계 상황까지 해야 한다. 근육도 힘이 들 때부터 생기기 시작하기 때문이다. 대부분 스스로는 그 고통을 잘 못 넘기기 때문에 PT라는 도움을 받으며 운동을 하는 것일 거다. 힘이 들면 기뻐하고 힘이 들지 않으면 슬퍼하라고 한다. 우리가 하고자 하는 일이든, 운동이든 아프지 않으면 성장하지 않는다는 의미이다.

한근태 대표님이나 무라카미 하루키 같은 분들이 하루 종일 집에서 먹고 자고 글만 썼다면, 이런 베스트셀러나 좋은 책들이 과연 나왔을까?

운동을 통해 축척된 에너지가 두뇌의 에너지와 만나 한 권의 책으로 완성되었다고 난 생각한다. 무라카미 하루키는 마라톤이 자기 몸에 맞는다고 생각했다. 마라톤이 모든 사람의 몸에 맞지는 않을 것이다. 자칫 잘못하다가는 달리다가 죽을 수도 있다. 하지만 하루키는 달리면서 자유를 얻었다. 남의 얘기를 듣지도, 누구에게 말하지도 않아도 되며, 달리면서 주위 풍경을 바라보고 즐기면서 귀중한 시간을 만들어갔기 때문에 얻은 감정이다.

나 역시 혼자 낚시하는 것을 좋아한다. 물론 낚시는 운동은 아니다. 그러나 혼자가 좋은 이유는 대화가 필요 없기 때문이다. 배를 타고 가면서 이 섬, 저 섬에 걸쳐있는 바다와 하늘 풍경을 즐긴다. 이럴 땐 고기를 많이 잡고 적게 잡고는 내게 중요하지 않다. 그냥 자연스럽게 생각이 정리가 되기 때문에 즐기는 것뿐이다.

난 새벽 운동을 하면서 늘상 이렇게 외친다.
"나는 풍족하다. 나는 행복하다. 나는 할 수 있다. 감사한 하루를 시작하자. 운이 온다. 운이 온다. 좋은 운이 온다."

진짜 행복하고 감사하고 풍족한 하루가 되길 바라는 마음으로 기도도 한다. 이 기도는 하루를 여는 아침의 열쇠이고, 하루를 마감하는 저녁의 빗장이기 때문이다.

진짜 몸이 먼저다. 수십억, 수천억이 있으면 대수일까? 몸이 아프면 모두 소용없고, 죽으면 그만인 것을. 따라서 우리 몸을 아끼고 사랑하면서 살아가는 일이 무엇보다 중요하다.

#진짜 몸이 먼저입니다.

> 꿈은 전염시키는 것이다.
> 하지만,
> 꿈이란 길에서 마주치는 수많은 문제에는
> '정답'이 없다. 그건 본인이 찾아야 한다.

성장의 도구 3:
고수

한근태 대표님과의 만남

어느 날 김용범 부회장님이 본부장들에게 큰 선물을 주셨다. 그건 바로 '북클럽'이다. 이곳에서 한근태 대표님을 처음 뵙게 되었다. 당시 난 이 분이 그렇게 유명하신 분인지 몰랐고 관심도 없었다. 처음 본 느낌은 그냥 편안한 동네 아저씨이거나 축구 조기회에 가면 있는 잔소리꾼 형님 같은 느낌이었다.

"1956년생. 올해 나이가 66세입니다."

본인 소개를 할 때 솔직히 나는 조금 놀랐다. 저 연세에 저런 몸매에 옷은 청바지 차림에, 탄성하는 소리가 여기저기서 들렸다. 진짜 그렇게 보이지 않으실 만큼 자기관리를 잘 해 온 분이란 생각이 들었다. 아무리 많아도 61세~62세 정도로 생각이 들 정도였다. 그렇게 첫 만남을 시작으로 매달 1년 정도 북클럽을 통해 한근태 대표님과 본부장들이 서로 교류를 늘려갔고, 개인적으로 연락하시는 본부장님까지 생겨났다. 그리고 회사 임원들의 북클럽이 진행되면서 자연히 본부장 북클럽은 방학을 맞게 되었다.

어느 날 전화가 왔다. 북클럽 스태프 용환주 님이 본부 북클럽에 한근태 대표님이 강의를 해 주신다는 소식이었다. 바로 날을 잡았다. 다대포 식당 점심을 한 후 사옥에서 북클럽까지 함께 하기로 일사천리로 계획까지 잡았다. 올해 6월 12일, 본부 북클럽 하는 날에 나는 한 대표님을 모시러 부산역으로 갔다. 도착시간보다 한 시간 먼저 도착했는데 마치 애인을 기다리고 있는 듯한 느낌이 들었다. 나는 만남보다는 그 만남이 이루어지기까지의 설레는 기다림을 더 좋아하기 때문이라고 생각했다.

한 대표님을 모시고 다대포 바닷가가 보이는 고깃집으로 가 식사를 하고 단체 사진도 함께 찍었다. 그런데 그날은 무척이나 날씨가 더웠다. 다대포에서 초량 사옥까지 40분 거리를 이동한 후 사옥 26층에 도착했는데, 에어컨이 준비가 안 된 사실을 뒤늦게 인지하고 말았다. 나는 일반 에어컨으로 생각했는데 그게 아니었고, 그래서 어쩔 수 없이 온실에서 북클럽을 진행할 수밖에 없었다. 너무 죄송해서 한 대표님께 인사조차 할 수 없었다. 그런데도 햇빛 쨍쨍한 다대포 바닷

나의 멘토이자 아버지 같은 한근태 대표님

가에서 사진을 찍는 것도 모자라 온실 같은 사옥에서 한 시간 넘게 버텨주셨다. 내내 미소를 잃지 않고 좋은 말씀을 전해 주시는 대표님을 보면서 존경심이 절로 우러나왔다.

그 후, 두 달이 지나고 난 염치없이 한 대표님의 본부 북클럽을 회사에 신청했다. 그래서 두 번째 본부 북클럽을 9월 14일에 하게 되었다. 그날의 죄송함을 조금이나마 만회하고 싶어 한근태 대표님의 '나는 심플한 관계가 좋다'라는 책을 본부 가족들에게 다 읽도록 하고, 심지어 노래 준비까지 시켰다.

먼저 난 이 책을 읽으면서 이 분이 변진섭의 '숙녀에게'라는 노래를 좋아하신다는 사실을 알게 되었다. 특히 그 중 후렴인 '나 그대 아주 작은 일까지 알고 싶지만 어쩐지 그댄 내게 말을 안 해요. 허면 그대 잠든 밤 꿈속으로 찾아가 살며시 얘기 듣고 올래요.'란 부분이 인상적이어서 본부 가족들과 함께 불러 드렸다.

사실 이 노래는 북클럽 이틀 전부터 내가 혼자 집에서, 또 운전하는 차 안에서 얼마나 연습을 했는지 모른다. 이 날은 덕천 사무실에서 북클럽을 진행하기로 되어 있었고, 사무실도 200평 가까이 될 정도로 컸기 때문에 오프닝을 하면서 혼자 마이크로 부를 계획을 세워둔 참이었다. 그런데 한 대표님께서 갑자기 청중들의 집중을 위해 교육장으로 장소를 변경하시는 바람에 이틀 간 준비한 내 노래는 묻혀 버리고 말았다. 그러나 난 포기할 수 없었다. 부랴부랴 교육장 노트북에 연결시켜 변진섭의 '숙녀에게'를 본부 가족들과 함께 불러드리는데 성공했다.

부경베스트본부 북클럽

앞에 서서 본부 가족들 노래 부르는 모습을 바라보았다. 마치 추억 여행을 온 듯, 서로를 한 번씩 쳐다보면서 노래하며 웃는 미소들이 그렇게 아름다워 보일 수가 없었다. 그렇게 두 번째 본부 북클럽은 한근태 대표님과 함께 하게 되었다. 본부 가족들은 처음보다는 편해진 얼굴로 인생 상담하듯이 대표님과의 대화를 이어갔다. 이를 바라보는 내 눈엔 참여한 모두가 서로가 서로에게 익어 가고 스며가고 있는 듯한 느낌이었다.

"본부장님! 웃음소리 넘쳐나는 사무실을 만들어 보세요."
난 그날 대표님께서 하신 이 말씀을 하루하루 되새기며 산다.

성장의 도구 3:
고수

일생에 한 번은 고수를 만나라

　영업하는 사람들에게 있어 휴대폰은 큰 재산이라고 생각한다. 그 이유는 거기에 고객 전화번호가 저장되어 있기 때문이다. 예전 영업할 땐 전화가 자주 오지 않기라도 하면 멀쩡한 핸드폰을 바꿀 정도로 나에게는 큰 재산이었다. 한근태 대표님은 집중을 위해 운동할 때, 다른 업무를 볼 때, 심지어 지하철을 탈 때도 핸드폰을 단절시켰다고 하신다. 하지만 나는 운전대를 잡는 즉시부터 목적지에 도착할 때까지 여기저기 통화를 하느라 분주하다.

　한편, 난 언제부터인가 책을 읽고 나면 그 책의 오디오북을 듣기 시작했다. 나는 티브이든 강의든 내가 가 봤던 곳, 내가 알고 있는 것이 내 눈에, 내 귀에 들리면 집중을 더 하게 된다. 그래서 읽었던 책을 오디오북으로 다시 들으며 이를 리마인드 하는 편이다.

요즘 내겐 저녁 9시부터 새벽 1시까지의 시간이 매우 흥미롭다. 한근태 대표님은 본인이 매우 열심히 살지는 않는다고 말씀하신 적이 있다. 그건 매일 새벽 4시에 일어나서 독서하고 글을 쓰시기 때문에 5시간 정도만 집중하시기 때문이란다. 그러다 집중이 안 되면 운동을 하는 패턴을 갖고 계셨다. 그러나 나는 그렇게 할 수가 없다.

왜냐하면 나는 지금부터가 일할 나이라고 생각하기 때문이다. 과연 내 나이에도 한근태 대표님이 5시간만 일을 하셨을까? 아마 아닐 것이다. 나는 원래 30년 정도를 하루에 잠을 5시간 이상 자지 않았다. 요즘은 글 쓴다고 4개월째 3~4시간 정도 밖에 잠을 못자는 것 같다. 한 번씩 낮에 피곤이 몰려올 때도 있지만 그것마저도 내겐 나름 흥미롭고 재미있는 현상이다.

책을 읽고 느낀 점을 내 방식대로 글을 썼다 지웠다를 반복하곤 한다. 이걸 일상에서 본부 가족들에게 전달하는 걸 상상해 보거나, 나름 내용대로 스스로 실천하다 보면 무엇인가 머리에 꽉 찬 느낌을 받는다. 정말 내가 이렇게 변할 줄은 상상도 하지 못했다.

새벽운동 298일째

제대로 독서와 새벽 운동한 지 298일 째, 그리고 글 쓴 지 118일째. 하루, 하루가 통장에 돈이 쌓이듯 미래의 꿈나무가 자라는 중이다. 무럭무럭 자라는 내 안의 자아를 생각하면 너무 행복하다. 한근태 대표님 말씀 중에 '책을 읽는다는 것은 잘 살기 위한 방편'이라고 하셨던 게 생각이 난다. 그래서 난 책을 읽고 거기서 얻은 새로운 깨달음으로 본부를 운영하고 있는 중이다. 난 여섯 개 지점 리더들과 매니저 두 분에게 매일 아침 8시 30분부터 30분씩 책을 읽게 한다. 언젠가는 이분들도 나와 같은 방식으로 책에서 읽은 내용을 통해서 스스로에 대해 생각하고 느끼면서 지나온 시간에 대한 통찰과 어떤 깨달음을 가질 수 있을 거라고 기대한다.

글을 쓰고 난 후의 '변화'는 스스로 느껴야 진정으로 자기의 것이 된다고 본다. 이것은 누가 시킨다고 해서 되는 일이 아니다. 나 역시 누가 시킨 시켜서 한 것이 아니다. 스스로 깨달았기에 피곤하지 않았을 수 있었고 변화 안에서 행복을 느낄 수 있게 된 것이다.

요즘 나는 내 미래를 상상해 본다. 과연 난 어떤 고수가 되어 있을까? 내가 바라는 고수가 되기 위해 난 버틸 것이고 이겨 낼 것이다. 이제는 스트레스와 고통쯤은 '고수'라는 음식을 만들기 위한 재료들이라고 생각하게 되었다. 자만일 수도 있지만 어쩌면 나만의 고해성사일 수도 있다

이틀 전 나는 처음으로 '일생에 한 번은 고수를 만나라'를 두 번째 읽었다. 거기서 얻은 깨달음도 많지만, 더 놀라운 사실은 내가 글을 쓰면서 처음으로 남자한테 고백을 했다는 점이다.

'대표님, 이번에 읽은 책을 다시 보면서 많이 느꼈습니다. 제가 전혀 관심 없는 책을 접하게 해 주신 김용범 부회장님께도 감사를 전하지만, 대표님도 정말 대단하신 분이란 생각이 듭니다. 대표님은 제 인생에서 처음으로 만난 진정한 고수이십니다. 그래서 더욱 존경하게 되었습니다. 저는 여태 단 한 번도 윗사람에게 잘 보이기 위해 마음에도 없는 말을 해 본 적이 없습니다. 오늘이 있기까지 저를 도와주셔서 하는 말이 절대로 아닙니다. 인간적으로, 그리고 저의 멘토로서 매우 존경합니다. 책을 통해 대표님을 알게 되면서 장차 나도 대표님과 같은 사람이 되어야겠다는 새로운 비전을 가질 수 있게 되었기 때문입니다.'

성장의 도구 3:
고수

고수가 되는 그날까지

예전에 난 한 달에 두 번 정도 아내와 참숯가마 찜질을 자주 다녔었다. 그곳은 찜질도 좋지만 땀 흘리면서 '불멍'하기 딱 좋은 장소였기 때문이다. 불 쬐는 방에 앉아서 불멍을 하고 있으면 아주머니들이 하는 얘기를 훔쳐 듣는 경우가 많았는데, 그 내용들이 너무 웃기기도 하고 나름 재미있기도 해서 더 친근했다.

여기엔 각각 하온, 중온, 상온, 초고온 등으로 구성되어 있다. 난 처음에는 하온에서 핸드폰도 보고 뒹굴뒹굴하며 즐기다가 온도를 올려 중온으로 이동한다. 이 중온에선 10분 정도 버틸 수 있다. 그 다음은 상온 차례다. 상온은 1분 정도 버티다 도망 나오기 일쑤다. 여긴 나막신을 신고 들어가야 하기 때문에 뛰지는 못한다. 마지막 차

레인 초고온에 처음 도전하던 날엔 찜질방 직원이 미리 경고까지 했었다. 3분 정도 시간이 흘러 5명 정도 줄을 섰을 때 난 용기를 내어 그들을 뒤따라 줄을 섰다. 하나, 둘, 내 차례가 되어 들어갔을 때였다.

비오는날 참숯가마 안에서

으억! 곧바로 내 몸이 바비큐가 되는 느낌이었다. 20초 정도 버티다가 꼭 죽을 것만 같아 도망쳐 나왔다. 그런데 뒤따라 나오는 아저씨의 말이 더 공포를 불러왔다. 이렇게 세 번을 해야 비로소 효과가 있다는 말씀이었다. 나도 따라 시도해 보기로 했다. 어디에 좋은지 모르지만 말이다. 처음엔 땀은 나오지 않고 살만 타는 느낌이었다. 그렇게 세 번 째 하고 앉아 있을 때 비로소 땀이 빗물처럼 흘러내렸다. 그 분이 세 번 하라는 이유를 그때서야 알았다.

참숯가마를 좋아하는 마니아들이 있다. 초고온은 암 환자들이나 초고수들만 이용하는 공간이다. 고수들은 포스부터가 다르다. 나막신, 나무 의자, 개인 옷 등만 봐도 딱 고수처럼 보인다. 이 날, 난 참숯 찜질에도 세 번씩이나 그 높은 열을 견뎌내는 고수가 있다는 것을 처음 알았다.

다른 여러 분야에도 고수들은 많은 것 같다. 내가 접했던 것 들 중에서도 골프, 배드민턴, 등산, 축구, 수영, 스킨스쿠버 등 그 영역은 실로 넓다. 그렇다면 프로나 고수나 같은 의미는 아닐까? '일생에 한 번은 고수를 만나라'는 책에서 말하는 고수는 좀 다른 의미이긴 하지만, 자기 분야에서 최고를 지칭하는 말이란 점에선 그 의미가 상통한다고 생각한다. 이 책에서 말하는 고수는 '겸손하다, 집중과 몰입의 능력이 있다, 심플하다, 디테일이 강하다, 관찰력이 뛰어나다' 등 여러 특징을 보인다. 그런 점에서 축구, 골프, 배드민턴 등과 같은 운동 분야에서도 이 책에서 언급한 집중력에 따라 승패가 갈리기 때문에 비슷한 점이 많다고 본다. 다시 말해, 장르는 다르지만 내가 하는 일이든, 이분들이 하는 일이든, 고수가 되길 원한다는 점에선 그 맥락이 같다고 생각한다.

"저는 한 가지밖에 못 해요. 연기를 하는 동안은 늘 그 사람에 대해 생각하고, 그 사람이라면 어떻게 행동할까 연구합니다."

이 말은 탤런트 김혜자 씨의 고백이다. 우리 일도 마찬가지다. 순수 신인이나 경력자 한 분을 모시기 위해선 그 사람만을 생각하는 공을 들여야 한다. 그리고 그가 합격하고 코드가 나오기까지 오롯이 집중과 몰입의 노력도 필요하다. 그렇게 순수 신인, 경력 신인이 한 분, 한 분이 모여서 한 팀이 되고 그 팀들이 모여서 지점이 되고 본부가 되어 간다. 대충대충 해서는 절대 성장할 수 없다. 집중과 몰입을 해야만 성장이라는 티켓을 손에 쥘 수가 있다. 인생의 아궁이가 다섯 개라고 생각해 보자. 장작을 다섯 아궁이에 골고루 나누어 때면 열이 분산되어 결국 죽도 밥도 안 될 것이다. 그러므로 한 아궁이에 열을 모두 몰아줘야 비로소 가마솥에 물을 끓게 만들 수 있는 원리와 같다.

본부장을 도전했던 6개월 동안은 철칙이 있었다. 그건 영업과 도입을 함께 할 수는 없다는 점이다. 한 가지에 몰입한 다음 그것을 끝내고 났을 때 다음에 몰입을 해야만 하기 때문이다. 15일 안에 개인 매출 목표를 달성하고 남은 15일은 도입에 집중했다. 이 두 가지를 다 잘하면 좋겠지만 신이 아닌 이상 그렇게 될 수는 없다. 만약 된다고 해도 오래가지는 못할 것이다. 아마 몇 달 하다가 지쳐 떨어지고 말 것이기 때문이다.

사자를 잡으려면 사자 굴에 들어가야 하듯이 고수가 되려면 고수들과 어울려야 배움이 빠르다. 그러나 알고 있는 것과 찾는 건 다르다. 그건 고수가 나랑 놀아주지 않기 때문이다. 고수가 되는 데도 단계가 있다. 그러므로 한근태 대표님이 말씀하신 학습과 공부로 자기 자신을 업그레이드시켜 수준을 조금씩 끌어올리는 것이 중요하다. 골프도 처음부터 싱글을 칠 수는 없다. 어디 싱글이 백돌이와 게임이 된다고 생각하는가? 재미가 없어 놀아 주지도 않는다. 한 타수, 한 타수 줄이려고 노력하다 보면 설령 싱글은 아니어도 어울릴 수 있을 정도는 될 것이다.

고수들의 좋은 습관들이 조금씩 스펀지에 물이 흡수되듯 내 머리로 스며드는 느낌을 받는다. 태어날 때부터 고수는 없다. 하수에서 중수, 고수로 점점 그 단계를 높이며 인정받은 최종 결과가 고수다.

지금 내가 하수라는 것에 감사함을 느낀다. 고수로 올라갈 수 있는 과정이 아직 남아 있다는 게 오히려 행복하다. 연못에 가면 잉어들은 항상 그 자리에 모여든다. 그건 학습이 너무 잘 되어 있기 때문이다. 훗날, 지금처럼 성실하게 살아가면서 고수들의 좋은 습관이 내 안에 학습 되면 연못의 잉어처럼 고수라는 그 자리에 저절로 올라가 있을 거라고 확신한다.

성장의 도구 3:
고수

깨달음

"드라마나 영화는 두 번, 세 번 보기가 힘들고 재미도 없다. 하지만 책은 열 번을 읽어도 다른 느낌이다."

작가 고명환 님의 글에서 이런 말을 본 적이 있다. 그래서 회사에서 진행했던 북클럽 책을 순서대로 다시 읽어야겠다는 생각이 들었다.

첫 번째 읽은 책이 한근태 대표님의 '일생에 한 번은 고수를 만나라'였다. 우연히 김정현 지점장 자리에 이 책이 있었다. 반가움에 책장을 넘기니 예전의 첫 글이 아니라 김용범 부회장님과의 첫 만남과 우리 회사 북클럽 얘기로 시작되고 있었다. 그 자리에 서서 난 30분 정도 책을 읽었다. 퇴근 후 집에 와선 밑줄까지 그어가며 완독했다. 그간 읽으면서 못 봤던 글들이 눈에 확 들어오는 신기한 현상을 경험

베스트셀러 고명환작가의 책
'나는 어떻게 삶의 해답을 찾는가'

했고 새로운 느낌도 받았다. 그리고 다 읽었다고 책장에 꽂아 놓은 책들에게 미안한 마음이 들기 시작했다. 이때부터 내게 변화에 가속도가 붙기 시작했다.

집중력 확보에서 가장 중요한 건 하지 말아야 할 일을 걸러 내야 한다는 것이다. 그래야 시간을 확보할 수 있고 쓸데없는 일에 에너지를 허비하는 일이 줄어든다. 그리고 남은 시간엔 잘하는 일, 하고 싶은 일, 잘할 수 있는 일에 집중해야 한다. 자신을 갈고닦아 그 분야에서 일류로 자리매김해야 한다. 결국 다재다능한 사람이 성공하지 못하는 건 집중력이 부족하기 때문에 나타난 결과이다.

그냥 숙제처럼 대충 읽었던 책들이 많다는 걸 오늘에야 다시 깨닫는다. 읽은 책의 숫자가 중요한 게 아니라, 읽은 책을 이해하고 해석하는 게 중요하다는 것을 이제야 알았기 때문이다. 고명환 님도 책에서 해답을 찾았다고 한다. 그리고 위에서 언급한 책에서도 사람만큼이나 중요한 게 책이고, 그래서 읽은 책에 의해 비로소 자신이 만들어진다고 한 것이다. 나 역시 책을 읽으면서 나를 만들어 가고 있다고 생각한다.

'검은 머리가 파뿌리 될 때까지 행복하게 살기 바란다.'

나이 들수록 흰머리가 늘어나는 것은 누구나 겪는 노화 과정이며 생물학적 원리다. 물론 머리로 일하는 분들은 흰머리가 빨리 생긴다. 그런데 잘 살펴보면 오른쪽, 왼쪽의 흰머리 양이 각각 다른 게 보통이다. 그 이유는 자주 사용하는 쪽에서 흰머리가 더 많이 생기기 때문이라고 한다. 나 역시 오른손잡이라 오른쪽에 흰머리가 더 많은 편이다. 이 사실을 아는 사람은 아마 많지 않을 것이다.

사람들은 대부분 편한 것을 선호한다. 사용하지 않는 뇌는 계속해서 사용하지 않으려고 한다. 나 역시 그랬지만, 지금은 조금씩 오른쪽 뇌와 왼쪽 뇌를 균형 있게 사용하려고 노력하는 중이다. 그 방법은 바로 운동과 독서, 글쓰기에 있다. 어느 회사 회장님이 책을 일 년에 수십 권을 읽고 형광펜으로 밑줄 친 부분을 비서에게 정리하라고 하셨다고 한다. 그러나 6개월 뒤, 그 비서는 더 큰 세상에서 꿈을 펼치기 위해 사표를 냈다고 한다.

책을 많이 읽는 게 중요한 게 아니란 말이 이해가 간다. 한 권이 아닌, 한 장을 읽어도 그 한 장의 의미와 뜻을 이해하고 매일 실천하며 살아간다면 나 역시 고수의 반열에 오를 수 있을 것이라 믿어 의심치 않는다.

> 남들이 못할 것 같은 일도 시작해 놓으면
> 이루어 내는 것이 고수다.

쉬어 가는 페이지

김정택'S 독서노트

사이토히토리 '부자의 운'

 나는 진짜 운이 좋은 사람이다. 적절한 시기에 부자의 운이 내게 올 거라 믿고 책을 읽게 되었다. '사이토 히토리의 부자의 운', 그리고 '1% 부자의 법칙'을 읽고 매일 나는 이렇게 중얼거린다.
 "운이 온다. 운이 온다. 오늘도 좋은 운이 온다."하루를 시작하는 첫 발걸음부터 기도하는 마음으로 수시로 이렇게 말이다. 읽기 전부터 운이 왔고, 또는 오고 있다는 것을 모르고 살아왔다. 그것을 깨닫게 된 것은 작년 이맘때쯤 부산으로 출장 온 TF 최원 리더가 내게 보낸 메시지 덕분이다.
 "형님 이 책 읽어 보십시오. 도움 되실 것입니다."
 그는 이 한마디 말과 책 한 권을 선물로 주고 갔다. 나는 대수롭지 않게 생각하고 덥석 받았다. 형을 생각하며 준 선물인데 그 마음이 너무도 고마웠다. 몇 장을 넘기는데 너무 쉽게 책장이 넘어갔다. 3시간 동안 한 번도 쉬지 않고 "부자의 운"이란 책을 읽었다. 조금 엉뚱한 부분도 있지만 재능이나 노력으로 넘어설 수 없는 운의 실체에 대해 말해 주는 책이다. 읽어 내렸다. 이 책은 부정적인 나의 삶이 긍정으로 변화되게 안내해 준 책이다. 이 책 이후에도 최원 리더는 '행운 사용법', '여기가 끝이 아니다', '기도의 비밀', '모세의 코드' 등 여러 책들을 내게 선물한 고마운 동생이다. 부자가 안 되고 싶은 사람은 없다. 만약 사이토 히토리가 가난했다면 이 엉뚱한 말들에 대중들이 공감했을까 생각 해 본다. 사이토 히토리 씨는 일본 개인 납세 1위 부자이다. '무엇 때문에 이 세상에 태어났는가?'에 대해 '인생은 신명나게 놀다 가는 곳'이라고 정의했다. 그리고 책은 웃음, 행복, 돈, 기회, 관계 등 이렇게 5강으로 나누어 놓았다.

"웃음은 제 성공의 밑천이었습니다."
"지금 하는 고민도 1년 뒤에는 분명 사라집니다."
"도리에 맞는 일을 하는 것이 가장 득이 됩니다."
"성공은 머리가 아니라 눈과 발로 하는 겁니다."
"바른 몸가짐, 웃는 얼굴, 애정 어린 말, 이 세 개면 충분합니다."

목차만 읽어도 어떤 내용인지 부자들의 공통점을 발견할 수 있다.

이 책의 얘기를 모두 내 것으로 할 수는 없다. 꼭 그럴 필요도 없다. 이 중 하나라도 '좋은 이야기'를 발견할 수 있다면, 저자로서 그보다 기쁜 일은 없을 것이라고 겸손하게 얘기한다. 가만히 누워서 '운'을 노래 부르면 운은 절대 오지 않는다. 트렌드에 맞는 공부와 학습, 미소를 잃지 않는 긍정적인 생각과 행동이 뒷받침되어야 '운'이라는 게 따라오지 않을까?

돈 + 긍정적인 마인드 + 웃는 얼굴 + 배려 + 운 = 부자?

나도 부자가 되고 싶다. 나는 행복하다. 나는 풍족하다. 나는 할 수 있다. 감사한 마음으로 하루를 시작하자.

운이 온다. 운이 온다. 오늘도 나에게 좋은 운이 온다. 나를 아는 모든 분들도 모두 부자가 되길 바라본다.

PART 3

가치와 소명

대장이 된다는 것은
부경베스트 프랜차이즈입니다
친구가 지점장이 되었다
유일하게 남은 총학생회장
오랜만에 걸려온 전화
내 편들에게 하고 싶은 말
재훈 팀장님의 빈자리
가버린 친구에게 바치는 책 한 권
아들이 나에게 써 준 편지
아빠의 유산

리더십과 책임: 본부장으로서의 사명

대장이 된다는 것은

설계사에서 본부장이 된다는 건 정말 꿈같은 말이다. 그 꿈같은 얘기가 내겐 현실이 되었다. 조직의 수장으로 본부를 운영 한지 4년, 그리고 부경 베스트 본부로 변경한지도 10개월이 되어 간다.

처음 내가 부경 프랜차이즈 대표가 되었을 때 기쁨보다는 주위의 말들과 시선이 나를 괴롭혔다. 그러나 그런 건 내게 별로 중요하지 않았다. 오히려 비아냥거리는 소리들이 나를 더 강하게 만들었기 때문이다. 주위의 시선보다는 남아 있는 분들을 안정시키는 게 내겐 우선이기도 했다. 혼자서는 할 수 없는 일도 이분들이 함께 했기에 가능했었다. 이분들은 바로 부경 베스트 1본부 여덟 분의 리더들과 부경 베스트 2본부 수장 오영훈 본부장님 외 일곱 분의 리더들이다. 이

분들은 각자 위치에서 매번 최선을 다해 주고 계신다. 덕분의 부경 베스트 프랜차이즈가 빨리 안정화 될 수 있었고, 그렇게 해서 이제는 '부경'이라는 울타리가 완성될 수 있었다.

　나는 이제부터가 시작이다. 나는 부경 베스트 프랜차이즈의 대장이다. '대장'이란 단어를 생각하면 문득 2021년 산악인 박정헌 대장의 강의가 생각나곤 한다. 그래서 그가 겪은 실화를 옮겨 적은 책, '끈'을 다시 찾아 읽게 되었다.
　"2021년 10월, 나는 한 명의 산악인을 만났다. 그분은 바로 2005년에 후배 최광식과 함께 히말라야 촐라체를 알파인 스타일로 동계

끈의 저자이자 산악인 박정현대장과 함께

시즌에 도전해 세계 최초로 성공한 박정헌 대장이다."

박범신의 소설 '촐라체'의 모티브가 된 것이 바로 이 '끈'이다. 내 생애 처음으로 저자로부터 사인을 받은 책이다. 2년이 조금 지난 지금 다시 책장을 넘겨본다.
"인생은 에베레스트를 향해! 김정택."
박정헌 대장의 사인이 선명하게 보인다.

2021년에 참여했던 박정헌 대장의 특강에서의 첫 마디가 생각난다.
"여러분 크레바스를 아시나요? 빙하의 균열된 틈을 크레바스라고 합니다."
난 그때 크레바스라는 말을 처음 들었다. 그는 보통 산악인들이 크레바스에 빠지면 사망하는 걸로 알고 있다고 했다. 실제로 그곳에 후배 최강식이 23M 아래로 추락하면서 그 충격으로 두 다리가 골절되었고, 박정헌 대장도 후배와 묶여 있던 로프로 인한 충격으로 5번 척추가 3분의 2가량 함몰되었다고 한다.

지금 이렇게 우리 앞에 서 있는 것이 기적이라고 그는 말했다. 우여곡절 끝에 크레바스에서 최강식 후배와 2시간 사투 끝에 탈출에 성공했다는 이야기는 더 큰 감동을 자아냈다. 그 폭설 속에서 2박 3일 동안 두 다리가 골절 된 강식은 눈으로, 박정헌 대장은 다리로, 그렇게 둘이 한 몸이 되어 2박 3일 동안 기어서 민가에 도달했다는 드라마 같은 얘기였다. 이후 구조대의 도움으로 한국으로 올 수 있었다고 한다.

박정헌 대장의 책 '끈, 우리는 끝내 서로를 놓지 않았다'를 읽고 또다시 느낀다. 등산의 최고 기술은 정상까지 빨리 가는 것도 아니고, 수많은 산을 정복하는 것도 아니라는 것이 그것이다. 등산에서 최고의 기술은 살아남는 것이라고 생각한다. 우리 일도 마찬가지다. 우리는 여기서 패배자가 되어서도 안 되고, 좌절해서도 안 된다. 무조건 살아남아야 한다. 우리에겐 각자만의 목표가 있다. 그 정상이라는 목표를 향한 길은 평탄하지만은 않을 것이다. 그러므로 고통도 때론 즐겨야 한다. 힘겨움과 고통을 이겨내다 보면 어느 순간 각자의 목표라는 정상에 도달해 있을 것이다. 우리는 갈 수 있을 것이다. 왜냐하면 정상이란 건 포기의 바로 위에 있는 것이기 때문이다. 우리는 이것을 반드시 명심하고 나아가야 한다.

박정헌 대장은 히말라야에 여덟 개의 손가락을 바쳤다. 그렇다면 나는 부경 프랜차이즈를 위해서 무엇을 바쳐야 하는가? 나는 대접받기 위해서 이 자리에 있는 것이 아니다. 구성원들에게 용기를 주고 응원해 주며 허드렛일을 마다하지 않고 해야 하는 게 내 위치라고 생각한다. 박정헌 대장처럼 여덟 개의 손가락을 히말라야에 희생하는 마음으로 말이다. 그리고 결국 난 그처럼 존경받는 대장이자 사람이 될 것이다.

"부하를 사랑하고, 경쟁자에게도 존경받고, 지식이 풍부하여 모든 부하가 따른다면 천하 만민의 지도자가 될 수 있다."

이는 제갈공명의 말이다. 이처럼 내게도 본부 가족들을 사랑하고 존경받는 사람으로 서기 위해 끊임없는 학습과 노력이 필요했었다. 그래서 난 수십 권의 책을 읽었고, 하나씩 써내려간 한 줄, 한 줄의 글들을 몇 달 동안 모아 이렇게 이제 한 권의 책을 만들기까지 했다. 이건 본부의 성장을 위해 몇 달 동안 하루에 서너 시간만 자면서 한 일의 결과물로, 내가 그간 해 온 것 중에 제일 보람 있고 잘한 일이라고 생각한다.

리더십과 책임:
본부장으로서의 사명

부경베스트 프랜차이즈입니다

　나는 가게 이름이나 본부명을 미리 정해 놓은 적은 한 번도 없다. 난 겉보다는 그 안의 내용물을 중요시하는 사람이기 때문이다. 즉, 껍데기의 화려함보다는 실속을 중시한다. 식당으로 비유하자면, 고객이 가게에 들어와서 만족할 수 있는 것을 중시하는 것과 같다. 식당에선 맛과 친절, 서비스가 가장 우선되어야 한다. 그렇다고 가게 상호를 대충 짓는다는 말은 결코 아니다. 또 남들처럼 철학관에 가서 돈을 주고 정하고 싶지도 않다.

　난 첫 가게 상호를 하루 만에 생각하고 간판 회사에 발주를 넣었다. 나의 첫 가게 상호는 '해우 샤브샤브'다. 샤브의 대표 재료만 생각하고 바다 '海해', 소 '牛우'를 조합했고 '海牛 샤브샤브'라고 이름

지었다. 이 상호로 직영 1호, 2호로 뻗어나가면서 대박 행진으로 이어져 프랜차이즈 사업까지 일취월장하는 경험을 했다.

본부명 역시 승격 발표가 난 후 바로 생각하고 본사에 말씀을 드렸다. 첫 번째 본부명은 '부산 경남 본부'였다. 1년 정도 본부를 운영해 오던 시점에서 지금의 부경 베스트 2본부 오영훈 본부장이 승격하셨고, 몇 달 후 그 당시엔 모 본부장이던 윤별 본부장님 이름의 뒷글자인 '별'을 딴 이름을 만들었다. 결국 '스타' 1본부, 2본부, 3본부 등의 이름을 붙여 새 출발을 시작했다. 스타 2본부로 3년 정도 운영해 오다가 올해 2월쯤 좋지 않은 소문들이 귀에 들려왔지만, 우리 두 사람은 바보처럼 이에 대해 아무 의식도 하지 않고 서로를 믿으며 지내왔다.

부경베스트 우리는 리더입니다

2월 말쯤 윤별 본부장이 떠나고 오영훈 본부장과 나, 이렇게 둘만 남았다. 수습 과정에서 오영훈 본부장이 말을 건넸다. 자신은 내 밑의 계보에 달려도 상관없으니 이제 둘이서 남아 있는 분들과 다시 잘 해보고 싶다는 의지를 피력한 것이다. 나로선 매우 감사한 일이었다. 오영훈 본부장님은 말 그대로 '바른 생활 사나이', 딱 그 자체인 분이다. 알고 지낸 지 5년이 되어 가지만 항상 변함없는 분이다. 저런 분이 나의 자본부장이 되겠다고 요청했을 때 내 심정은 말로 표현이 안 될 정도로 기뻤고 믿음직했다.

단 둘이서 결정지었다고는 하지만 회사 방침상 안 된다는 것도 익히 알고 있는 바였다. 그래서 하루는 부산에 내려오신 리더님과 우리를 담당하신 분께 우리의 결심을 전달 드렸다. "한 번 해 보겠다. 다른 사람이 모 본부장으로 와서 감 놔라 배 놔라 하는 것은 안 된다. 우리 둘을 믿어 달라."는 것이었다. 그리고 남아 있는 조직들의 계보 조정도 요청 드렸다. 우리의 간절함이 전달되었는지, 며칠 뒤 세 번째 본부명으로 '부경베스트본부 프랜차이즈'를 등록할 수 있었다. 우린 1본부, 2본부 등, 이렇게 올해 3월부터 새로운 이름으로 시작할 수 있게 되었다. 이제 '부경베스트본부'로 새 출발한 지 7개월이 흘러간다. 이름은 언제나 새로운 출발의 기운을 보태주는 것 같다.

그간 우린 흔들림 없이 자리를 지켜 왔고 조금씩 성장하는 중이다. 올해 1분기에 1본부에서 서미정 부본부장님이 승격했고, 이번 3분기 2본부에선 이진옥 부본부장님이 승격하셨다.

2본부 오영훈 본부장님의 근면과 성실은 실로 국보급이다. 성장을 위한 투자 말고는 내가 크게 도와드릴 게 없었다. 이런 분이 나의 자본부라는 사실이 내게는 하늘에서 복이 넝쿨째 뚝 떨어진 것과 진배없다. 나랑 띠 동갑으로 열두 살이나 어린 동생이지만, 한 번도 동생처럼 여긴 적이 없을 정도로 매우 바르고 올곧은 분이다. 이런 분은 무조건 잘 돼야한다는 게 내 지론이다. 그렇게 부산 초량은 오영훈 본부장이 맡고 부산 덕천은 내가 맡았다. 이 때 난 정서 관리가 제일 중요한 화두라는 걸 깨달았다. 그래서 난 온 마음을 다해 잡음을 조금씩 재워 나갔다.

덕천은 모 본부장을 따라 두 지점장과 네 명의 영업 가족이 이직을 했다. 지점장이 없는 지점에 리더를 앉히는 게 급선무였다. 매일 면담하는 한편, 남아 있는 영업 가족들의 의견도 수렴했다. 그 결과 3지점은 그대로 계시던 민정숙 팀장님으로, 또 4지점 리더는 신미정 팀장님으로, 그리고 5지점 리더는 민채원 지점장님으로 각각 역할이 주어졌다. 다행인 것은 감사하게도 하루가 다르게 제 자리를 빠르게 찾아갔다는 점이다. 이렇게 되기까지 각 지점의 리더님들이 맡은 바 각자의 업무를 잘 수행해 주신 결과라는 점에서 감사하기 그지없다. 그런 과정에서 민정숙, 신미정, 이라원 팀장님이 부지점장으로 승격을 하셨다.

 이 중 특히 민정숙 부지점장님은 연세가 70세가 다 되어 가신다. 승격 후 본사 교육 둘째 날 그의 아버지께서 위독한 지경에 처한 일이 발생했다. 부친은 90세가 넘어 요양병원에 계시다 일반병원 응급실에 계셨다. 교육에 가지 말고 아버지 곁에 계시라고 말씀을 드렸는데도 그는 끝까지 교육에 참여하겠노라는 의지를 밝혔다. 교육 장소가 한두 시간 거리도 아닌 서울 끝에 있는 연수원인데도 말이다. 나중에 후회하실 수 있다는 걱정을 건넸지만 70의 나이에 성장해 보겠다는 그의 요지부동한 의지를 꺾을 수는 없었다. 그런데 교육 이틀째 날 10시쯤 부지점장님으로부터 전화가 왔다. 느낌이 좋지 않았다. 아버지께서 작고하셨다는 소식이었다. 난 감히 위로조차 할 수 없었다. 조심해서 내려오란 한마디 말밖에 할 수 없었다. 내가 만약 저 연세라면 저런 의지와 마음가짐을 가질 수 있을까? 이렇게 그는 내게 많은 깨우침을 주고 성장 의지를 북돋아 일깨워 주신 분이다. 지금도 열정을 불태우시며 젊은 분 못지않게 열심히 일하신다. 나의 바람이 있다면, 아프지 않고 오래 함께하고 싶은 마음뿐이다.

3지점 영업 가족들 대부분이 60세가 넘으셨다. 그래서 난 부산 북구 덕천 사무실에 계신 분들께는 'FP님'이라고 불러 본 적이 없다. 다들 그냥 내겐 누나였다. 옛날 우리 할머니를 뵙는 느낌이다. 올해 연세 70세인 분을 부를 때는 '어머니'라고 부른다. 마치 정말 엄마처럼 서로 장난도 치면서 지내시는 참 좋으신 분이다. 이분을 모시고 계시는 리더님이 민정숙 부지점장님과 함께 승격하신 신미정 부지점장님이다. 이 분은 한마디로 옛날 차인 '레간자'나 다름없다. 소리 없이 강하신 분이기 때문이다. 감정 조절부터 상대방에 대한 배려, 지점원들을 모두 세밀하게 챙기시는 섬세함까지 두루 갖추셨다.

사실 내가 7개월 전 4지점을 부탁드렸을 때만해도 이 분이 이렇게 뛰어난 분인지는 미처 몰랐다. 숨은 고수이자 보석인 셈이다. 4지점을 맡은 지 4개월 만에 부지점장으로 승격하고 지금 4분기엔 지점장에 도전하고 계신 중이다. 예전에 출근조차 잘 되지 않는 몇 명을 일주일에 한두 번이라도 꼭 출근을 시키고야 마는 정성을 보면 마음까지 따뜻해진다. 이런 분은 무조건 잘 될 수밖에 없다. 11월, 12월 두 달 남았다. 이 고비만 넘기면 정식 시섬장이 된다. 신미정 지점장님, 지점장 승격되신 것을 미리 축하드립니다.

마지막으로 꾸준함에 본보기가 되어 주는 지점이 있다. 민채원 지점장님이다. 이 분은 본부장인 나의 전달을 완벽하게 수행하신다. 흠 잡을 곳 없을 만큼 지점원들과의 화합을 잘 이끈다. 수장이 바뀌고 이렇게 되기까지 그냥 되지는 않았을 것이다. 알면서도 모른 척 지나 간 적도 있다. 그럴 때마다 난 부디 이 고난을 잘 이겨 내시길 마음속 으로 빌었다. 몇 개월 전만 해도 스트레스 때문에 위궤양으로 고생하 시는 것을 지켜볼 수밖에 없었던 나로선 내가 나서서 해 줄 수 있는 게 없기에 안타까운 마음밖에 없었다. 그러나 지금은 7개월 전보다 웃으시는 모습을 자주 볼 수 있게 되어 천만다행이란 생각이 든다.

　비, 바람, 햇살 없이는 과일이나 곡식이 제대로 자랄 수 없다. 이렇 게 우주 만물은 모두 고통 없이는 성장할 수가 없다. 그 고통을 이겨 내야만 다음이라는 단계에 올라설 수 있기 때문이다. 민채원 지점장 님께 장차 부본부장, 그리고 본부장으로 성장했을 때, 자기 자신한 테 부끄럽지 않은, 누구보다 당당함을 보여 줄 수 있는 담대함을 더 기대하게 된다. 지금의 성장통에서 얻을 수 있는 최선의 결과물을 곧 얻게 될 거라 믿어 의심치 않는다.

　1지점 서미정 부본부장 2024년 본부장 된다!!!
　2지점 김정현 지점장 2024년 본부장 된다!!!
　3지점 민정숙 부지점장 2024년 지점장 된다!!!

4지점 신미정 부지점장 2024년 부본본부장 된다!!!
5지점 민채원 지점장 2024년 부본부장 된다!!!
6지점 유은주 지점장 2024년 본부장 된다!!!

성장하는 것엔 순서가 없다. 각자 본인들이 하고자 하는 의지가 90% 이상이 되어야 가능한 일이기 때문이다. 나머지 10%는 내 몫이다. 밤마다 어두운 밤바다를 비춰 주는 등대처럼, 내가 걸어왔던 길, 힘겨웠지만 행복한 길을 걸어올 수 있었던 에너지를 나눠 줄 것이다. 그리고 정말 성장의 꼭대기에 다다를 수 있도록 365일 24시간 이들을 향해 밝게 비춰 줄 것이다. 마지막으로, 사랑하는 나의 리더들을 위해서 미치도록 불렀던, 그래서 가슴을 뜨겁게 만들었던 노래를 건네 본다. 가사 한마디, 한마디에 눈물을 흘리면서 불렀던, 가수 서영은의 '꿈을 꾼다'를 나의 리더들 위해 다시 불러 본다.

꿈을 꾼다 - 서은영

때론 마음먹은 대로
되지 않을 때도 있지만
지나간 세월을 돌아보면
왠지 웃음이 나와
정신없는 하루 끝에
눈물이 날 때도 있지만
지나간 추억을 뒤돌아보면
입가엔 미소만 흘러
꿈을 꾼다
잠시 힘겨운 날도 있겠지만
한 걸음 한 걸음
내일을 향해 나는 꿈을 꾼다
혹시 너무 힘이 들면
잠시 쉬어 가도 괜찮아
천천히 함께 갈 수 있다면
이미 충분하니까
자꾸 못나 보이는 나
맘에 들지 않는 오늘도

내일의 나를 숨 쉬게 하는

소중한 힘이 될 거야

꿈을 꾼다

잠시 힘겨운 날도 있겠지만

한 걸음 한 걸음

내일을 향해 나는 꿈을 꾼다

꿈을 꾼다

잠시 외로운 날도 있겠지만

세월이 흘러서

시간이 가면 모두 지나간다

꿈을 꾼다

잠시 힘겨운 날도 있겠지만

한 걸음 한 걸음

내일을 향해 나는 꿈을 꾼다

행복한 꿈을 꾼다.

> 꿈은 전염시키는 것이다.
> 하지만,
> 꿈이란 길에서 마주치는 수많은 문제에는
> "정답"이 없다. 본인이 찾아야 한다.

진정한 성공:
사람 중심의 가치

친구가 지점장이 되었다 - 유은주 지점장

외식 사업을 시작할 때부터 연고지가 그곳이 아니다 보니 난 노력을 남들보다 더 들여야 했다. 그래서 라이온스, 축구조기회, 배드민턴 클럽, 청년회, 기타 단체 모임 등을 여러 개 가입하고 활동도 많이 했다. 거기서 알게 된 친구가 지금의 유은주 지점장이다.

내가 캄보디아 사업에서 망하고 외동에서 구이마당을 할 때, 이 친구는 가게에서 10분 거리에 있는 횟집을 신랑과 함께 운영하고 있었다. 경희라는 친구를 통해 알게 되었고, 가게를 왔다 갔다 하면서 나보다 한 살 많은 이 친구의 신랑과는 소주도 한잔하면서 형, 동생으로 사이가 돈독해졌다. 친구인 은주보다 오히려 형님이 나를 더 좋아하셨다. 그러던 어느 날, 안타깝게도 친구가 가게를 접었다는 소식을 들었다. 아쉽고 허전했지만 속사정을 알 수가 없으니 물어보기가 좀 그랬다. 그냥 그렇게 시간이 흘렀다. 그 후 난 가게를 하면서 보험회사에 입사했고, 그때 내 고객이 된 친구가 은주와 절친이라 은주 소식은 가끔 들을 수 있었다.

은주는 목재 회사에서 경리를 한다고 했다. 은주 절친의 이름은 박경희다. 두 친구는 어린 나이에 김해 상동이란 동네에 사는 남정네들에게 꼬임을 당해 일찍 시집을 가서 알게 된 사이라고 한다. 두 친구의 신랑들하고도 친구여서 나와도 가깝게 지냈다. 여자, 남자 개념이 없을 만큼 허물없이 아껴 주는 사이로 진전했고, 당연히 내 아내와도 너무도 잘 알고 지내는 관계가 되었다. 이런 인연이 이어지면서 박경희라는 친구는 우리 회사 FP로 근무한 지 벌써 4년이 넘어간다. 그래서 난 사람의 인연엔 우연은 없다고 생각한다.

어느 날 경희가 은주 사무실에 놀러 가자고 내게 제안을 했다. 그때 나는 식당을 정리하고 보험 영업만 하고 있을 때라 당장 이 제안을 수락했다. 세 명이 만나서 점심을 먹으며 회사 위치도 알게 되었고, 이후로도 한 번씩 연락도 하면서 지내왔다.

경희 가족은 예전부터 나의 고객이었지만, 은주 가족은 한 명도 보험에 가입시킨 적이 없었다. 난 영업을 하면서 신인 때 말고는 가입 권유를 전혀 하지 않았다. 내가 모르는 사람에게 담배 한 개비 달라는 말도 하지 못하는 성격이었기 때문이다. 그래서인지 다들 내가 보험 영업을 한다고 하면 아무도 믿지 않을 정도였다. 그래도 영업을 하면서 성격이 많이 활발해진 편이다. 그전에는 완전히 내성적이었던 성격이 사람과 접촉하는 영업을 하면서 바뀐 덕분이다.

경희와 은주 사무실에 다녀온 얼마 뒤 은주로부터 전화가 왔다. 용건은 자기 회사를 적하 보험[3]에 가입해 달라는 거였다. 일반 보험이라 반갑지는 않았지만, 그래도 보험 가입을 계기로 전화를 해 준 게 나로선 정말 고마웠다. 바로 난 회사로 가서 적하 보험에 가입시켰다. 보험 수수료는 아주 작았지만 고마운 마음에 술을 한 잔 사 주기로 했다. 그런데 둘이 마시기엔 재미가 없어서 경희까지 술자리에 초대했다. 이렇게 우린 김해의 유일한 친구들로 가끔 모여 술자리도 하면서 잘 지냈다. 그렇게 시간이 흘러 나는 메리츠화재로 이직했고, 그 무렵 난 다른 친구들을 통해 은주가 그 회사를 그만두었다는 소식을 접했다. 그때 나는 본부장 도전을 시작했을 때라 한 사람, 한 사람이 너무 귀한 상황이었다. 은주를 설득해야겠다는 생각에 전화를 걸어 김

---

3 적하보험 : 배로 운송하는 화물이 운송중에 일어나는 사고로 손해를 입었을 경우 보상하는 해상보험

해 커피숍에서 만났다. 얼굴을 보자마자 난 거두절미하고 대놓고 여기 온 목적부터 전했다.

"놀면 뭐 하노? 나랑 같이 일해 보자."

수수료를 포함한 회사 얘기를 약 30분 정도 나눴다. 그 당시 나와 O/T 보신 분들 중 90% 정도는 입사를 택했다. 그때 주위에서 했던 말이 재미있다. 자신감이 넘쳐흐르는 눈에서 레이저까지 나오는데 안 할 수가 없다는 얘기였다. 그날 은주란 친구도 30분간 내 얘기를 경청했다. 다 들은 은주는 "너 참말 많이 늘었다. 그런데 조금 쉬다가 다른 회사 들어갈 거야."라며 거절의사를 간접적으로 밝혔다. 그러나 나는 그냥 보낼 수 없었다. 내 말만 했다. 그리고 설계사 시험 부분을 설명하던 순간이었다.

"나, 설계사 자격증 있어."

갑자기 은주가 고백을 해왔다. 예전에 한화손해보험에서 근무를 1년 정도 했고, 지금은 아는 지인 법인 대리점에 코드가 있다는 말도 덧붙였다. 오히려 더 잘된 일이었다. 바로 코드를 빼 달라 요청하고 경리보다 두 배, 세 배 더 벌게 해 주겠다고 제안했다. 같이 일하다가 아니다 싶으면 언제든 다시 회사에 들어가도 좋다는 것과, 예전 보험사와는 완전히 다른 요즘 근황도 알려주었다. 실적 압박도 없으니 한번만 나를 믿고 함께 멋지게 일해 보자는 나의 설득이 결국 통했다.

그렇게 은주와 같이 일을 시작하게 됐다. 다음 달엔 경희를 입사를 시켰고, 은주는 3개월 만에 팀장이 되었다. 나는 신인 팀장과 팀원들이 잘 활동할 수 있도록 현장을 많이 만들어야 했다.

김해 상동이란 동네는 산딸기 농사로 한 철 먹고 사는 동네다. 일년 중 4월부터 9월까지 6개월만 바쁘고 나머지 6개월은 한가하다. 우리는 그 동네 아줌마 군단을 포섭하기로 작전을 짰다. 커피숍에서 설명회를 진행하는가 하면, 매출과 인원 충당을 위해 고군분투했다. 그런 노력의 시간을 1년 보낸 뒤 은주는 마침내 지점장이 되었다. 그리고 지금은 은주 신랑, 형님까지도 투잡으로 우리 회사 FP로 근무하는 중이다. 그런데 지점장으로 승격한 지 1년이 넘어 가는데 1년 전과 비슷한 모습으로 많이 정체되어 있는 것이 보인다. 처음 입사하고 열정적으로 일했던 은주가 지칠까 봐 그게 난 걱정이다.

열 손가락 깨물어서 안 아픈 손가락이 없겠지만 6명의 리더 들 중 유독 은주 지점장에게 더 잔소리를 많이 하는 건 사실이다. 그렇게 해서라도 내가 바라는 건 덕분에 원했던 본부장이 되었다는 얘기와, 그로 인해 경제적인 자유도 함께 얻었다는 기쁜 고백을 받아보고 싶은 마음 때문이다. 내가 아는 유은주는 아주 긍정적이고 밝은 에너지가 넘치는 사람이기 때문에 조만간 손바닥을 탁탁 털고 일어날 것으로 믿는다. "다시 해 볼까?"하며 멋지게 달려 줄 것이란 것도 말이다. 훗날, 나의 잔소리가 그리울 무렵이면 이미 유은주 본부장님이 되어 있을 거란 상상만 해도 덩달아 내 기분까지 좋아진다.

 유은주 지점장님!
 2024년에는 친구이자 동료로서, "유은주 본부장님!" 이렇게 부를 수 있기를 기대합니다.

유은주 지점장님

진정한 성공:
사람 중심의 가치

유일하게 남은 총학생회장 - 김정현 지점장

 입사 전부터 모 본부장 소개로 알게 된 후배가 한 명 있다. 메리츠화재 입사했을 때 유일하게 아는 사람이었다. 그는 함께 본부를 만드는 데 있어 내게 큰 힘이 되어주었던 친구이다. 그런데 어느 날 사소한 문제로 그를 집으로 보내야 하는 가슴 아픈 일이 생겼다. 그 지점은 부산 총학 출신 다섯 명의 대학 선후배로 구성되었던 젊은 지점이다. 신라대학교 총학생회장이었던 김정현 지점장도 이 다섯 명 중 한 사람이다.

 1년 전 김정현 지점장이 그 지점을 맡게 된 시간부터 지금까지 나와 함께 한 날이 장장 4년이 넘어간다. 이제는 눈빛만 봐도 통하는 사이가 되었다. 그는 남들에게 싫은 소리 못하고 혼자 묵묵히 본인이 할 일을 하는 편이라 폭발적인 성장은 좀 아쉽긴 하지만, 숯가마 안에서 은은 한 온기를 오래도록 내주는 숯처럼 지점을 잘 만들어 나가고 있는 사람이다. 이럴 땐 본부의 장으로서 내가 때로는 바람이 되어 그가 활활 타오르는 불꽃이 되도록 만드는 것이 내 역할이라고 생각한다.

그가 리더 중 유일하게 남자이다 보니 내가 직설적으로 하는 말에 부담도 많이 느꼈을 것이다. 가끔 허드렛일도 도맡아 할 때도 많다. 그래도 투정 한마디 없이 묵묵히 나의 버팀목이 되어 준 사람이다. 때로 그 침묵이 수긍이거나 아무렇지 않다는 것에 대한 동의가 아니었을 텐데도, 형여나 서러웠을 그를 떠올리면 난 참 미안하고 고마운 마음뿐이다.

한편, 김정현 지점장의 모친과는 내 핸드폰에 '우리 엄마'라고 저장되어 있을 정도로 친밀하고 각별한 사이다. 왜냐하면 직접 농사지으신 귀한 부식을 일일이 어디에 어떻게 두고 가는지를 낱낱이 설명해주는 분일 뿐 아니라, 그걸 어떻게 먹어야 하는지 엄마처럼 챙겨주시는 한편, 진짜 아들에게나 할 법한 따뜻한 말까지 내게 건네주시는 분이기 때문이다.

"엄마라고 불러도 되겠습니까?"

이런 내 말에 먹먹히 저며 오는 가슴 속의 감정을 표현하셨다. 그리고 어머니는 이미 내가 당신의 큰아들이라고 하셨다. 하나밖에 없는 아들인 정현 지점장을 더 보살피고 잘 건사해 달라는 어머니의 깊은 마음을 헤아려 드리는 것이 나의 효도라고 생각했다.

    어머니를 많이 닮은 김정현 지점장은 가슴이 매우 따뜻한 친구다. 나이에 비해 의젓하고 배려심도 깊다. 외동아들로 자라서 때론 철이 없어 보일 때도 있지만, 그건 경륜이 쌓이다 보면 해결될 문제라 생각한다. 요즘 정현 지점장을 보면 예전에는 느끼지 못했던 좋은 기운이 느껴진다. 이렇게 우리가 살아가다 보면 예측되는 일이 많다. 그리고 나의 이런 촉은 한 번도 어긋난 적이 없다. 따라서 한 가지 내 예측을 말하자면, 2024년 3분기에 김정현 지점장은 본부장으로 승격할 것이다. 어머니의 기뻐 웃으시는 모습을 상상하는 것만으로도 내가 이렇게 행복한데, 진짜 승격했을 때 두 모자의 기쁨은 얼마나 가슴 벅찰까? 그 모습을 상상하면 벌써부터 온몸에 전율이 느껴진다.

김정현, 해 보자!
2024년 3분기엔 무조건 승격이다!!

김정현 지점장

진정한 성공:
사람 중심의 가치

오랜만에 걸려 온 전화 - 서미정 부본부장

『본부장님, 예를 들면 그런 거 같아요. 사랑이 많은 집에서 자란 아이들은 당할 수가 없죠. 엄마, 아빠가 여전히 뽀뽀하고 손을 잡고, 그런 집에서 먹고 자란 사랑과 따뜻함은 다른 어떤 걸로도 대체할 수 없는 면역력을 만들어 주거든요. 몸속 바닥부터 양질의 영양분이 꽉꽉 채워진 느낌. 그들은 햇살 같지만, 왜 스스로 그런 건지 모르고 그래서 더 햇살 같아요. 인생을 살면서 고난이 없는 여정은 없겠지만 모두에게 비바람이 똑같이 불지는 않잖아요. 수통 없이 사막을, 우산 없이 빗속을 걷는 친구들이 출발점에서 받아야 했던 물품들을 제대로 지급받지 못하고, 구멍 난 신발로 세상 위를 걷는 친구들 편에 서서 함께 걷는 사람, 아픔을 알아차리고 먼저 손 내밀어 주는 사람, 그런

분이세요. 본부장님은 저희들의 보호자이자 저의 유일한 빽입니다.』

서미정 부본부장의 편지글이다.

나를 본부의 대장으로서 지지해 주는 글이지만, 아픔을 겪어본 사람만이 알아차릴 수 있는 내용이다. 그 너머를 볼 줄 알고, 말하지 않아도 뜻을 알아차려 준다는 것은 참 애틋하고 가슴 쓰린 일이다.

서미정 부본부장과는 전 회사 연도상에서 처음 만났다. 사실 김해와 마산은 사업단이 서로 달라서 평소에 자주 볼 수 있는 사이는 아니다. 연도상 장소가 주로 서울이나 경기도라 마산으로 수상자들을 태우러 갔을 때 서미정 부본부장이 어김없이 그 버스에 탔던 것이다. 1년에 한 번 연도상에서 수상한 수상자들이 해외여행 갈 때나 연도상 모임에서 얼굴 한 번 보는 게 전부였던 관계였다. 하지만 늘 무던한 모습이 나와 비슷하다는 느낌을 많이 받았다. 내가 메리츠화재로 이직하기 전 그날도 DB손해보험 연도상 시상식이 있었다.

"팀장님, 연도상 안 가시나요? 버스에 안 계시네요?"

타고 있어야 할 내가 안 보이니 연락을 준 것이다. 나는 축하한다는 인사를 끝으로 DB손해보험에서 퇴사했다. 그리고 같은 해 서미정 부본부장에게 다시 연락받았을 때 가장 먼저 메리츠화재에 대한 이야기부터 꺼냈다. 오랜만에 커피숍에서 만나 근황을 물으며 지난 얘기를 나눴다. 내가 메리츠에 온 것을 어떻게 알았냐고 물어보니 허윤서 리더님께 들었다는 답이 돌아왔다. 당시 허 리더님은 경력자 담당 스카우터였다. DB손해보험에서는 다른 지역에서 근무하는 조직을 같은 팀으로 만들 수 없었다. 내가 부산이고 미정 부본부장은 마산이니 같은 팀이 될 수 없다고 생각한 덕에 객관적인 얘기를 들을 수 있을 거라 기대했다.

"팀장님 말이라면 믿을 수 있을 거 같아요."

이 말이 내겐 참 고마웠다. 미정 부본부장은 망설이다 조심스럽게 입을 뗐다. 메리츠화재를 만나 여러 제의를 받았다는 것이다. 이어서 미정 부본부장은 메리츠화재 시스템이 어떤지, 향후 메리츠화재의 비전은 어떻게 생각하는지에 대한 내 생각을 물었다.

질문에 대한 긍정적인 답을 해 주었다. 메리츠화재는 다른 지역 조직도 같은 팀이 될 수 있다는 말도 덧붙였다. 그리고 나와 함께 해 보지 않겠느냐고 다시 물었다. 놀람과 동시에 긍정적 반응을 보이긴 했지만, 여러 상황 상 당장 결정은 어려운 듯 보였다. 이후 난 몇 번 더 설득했고 12월 베트남 여행에서 돌아오는 날까지 답을 달라고 했다. 그러나 내심 내가 기대했던 반가운 문자는 오지 않았다.

나는 포기하지 않고 꾸준히 내가 성장해 나가는 과정을 수시로 카톡으로 전달했다. 메리츠화재에 입사하고 처음 받게 된 연도상과 메리츠화재에서 제작한 내 영상, 그리고 지점장 승격 소식도 함께 전했다. 승격을 축하한다는 의미로 화분을 보내왔다. 조만간 본부장으로 내가 승격할 거라서 '지점장 & 본부장 승격 축하'의 문구를 넣었다는 얘기였다. 이에 난 이 화분은 치우고 당장 직접 오라는 농담을 건넸다. 이후 시간 날 때마다 차 한 잔씩 하면서 5개월을 더 보냈다. 그동안 나는 본부장으로 승격했고 미정 팀장은 여전히 DB손해보험에 근무하고 있었다. 처음 제의를 받은 본부장과 계속 연락하고 사무실에 오가는 것을 알고는 있었지만 난 전혀 불안하지 않았다. 내 사람이 되려면 무엇이 막는다 해도 결국 내 사람이 된다고 믿었기 때문이다.

내가 아는 서미정 부본부장은 강직한 사람이다. 좀 더 미정 부본부장 입장에서 생각해야 했다. 나는 영업을 잘했다. 도입도 영업과 비슷한 원리일 것으로 생각했다. 미정 부본부장은 애초 동부화재 퇴사를 먼저 결정했기 때문에 메리츠화재 본부장도 만났을 것이라고 생각했다. DB손해보험에서 어떤 문제 때문에 그만두려고 했는지 그 마음부터 듣고자 했고, 다행인지 들어본 내용이 내가 겪었던 문제와 비슷했다. 그렇다 보니 남들은 알지 못하는 공감의 대화를 많이 나눌 수 있었다. 이를 계기로 조금씩 미정 부본부장의 마음이 열리는 듯했다. 이런 근무 형태라면 90세가 되어서도 도입만 해야 하는 불안정한 미래에 관해서도 얘기를 나눴다. 세상 어느 부모도 혼자서 잘 먹고 잘 살기 위해 돈을 벌지는 않는다는 말도 함께 말이다. 그러나 때로는 그 무거운 책임감을 지켜 내지 못할까봐 두려운 것도 사실이란 고백도 나누었다.

"애들 자장면 먹이지 말고, 이제부터 소고기 먹여!"

내 말에 세 자녀의 엄마는 갑자기 눈물을 터트렸다. 항상 밝은 사람이 갑자기 울어 당황했지만, 그 순간 난 확신했다. 이것이 서미정 부본부장의 마음을 드디어 열게 한 결정타였다는 것을.

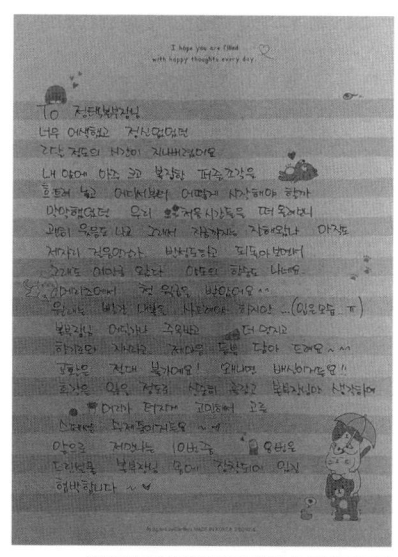

서미정 부본부장이 입사 한달 후 건내준 편지

미정 부본부장이 힘든 환경은 아니다. DB손해보험에서 매년 연도상을 받을 정도면 작은 소득도 아니었을 것이다. 내 뜻은 그보다 더 벌 수 있다는 의미이다. 어쨌든 내가 한 그 말에 미정 부본부장은 이직을 결정했다. 그리고 메리츠화재 부산, 경남권에서 근무한 설계사 출신이었지만 L플랜 본부장으로 처음 출발을 할 수 있게 되었다.

2020년 5월, 서미정 부본부장 외 10명의 조직이 함께 메리츠화재로 왔다. 마산에 사무실을 드린다고 약속하고 11명을 모시고 왔는데 첫날부터 출근할 사무실이 없었다. 회사에서는 기다리라고 했다. 그러나 총 11명 분들 중 아홉 분이 차가 없다 보니 두 분의 차를 타고 온다고 해도 출근을 못 하는 사람들이 생길 수밖에 없었다. 어쩔 수 없이 3일 정도 이들을 내가 직접 부산 사무실로 출퇴근을 시키는 기사 역할을 자처했다.

아침마다 마산으로 가서 모시고 부산 사무실로 출근을 시켰다. 메리츠화재의 상품, 제도 등에 대한 교육을 받을 수 있도록 하고, 마치면 다시 마산으로 퇴근도 시켜드렸다. 모두 기대를 가득 안고 메리츠화재로 왔을 텐데 진짜 앞날이 막막했다. 권역이 다르다는 벽에 가로막혀 도대체 앞으로 한 발자국도 나아가지를 못했다. 그래서 난 이 고비를 어떻게 넘겨야 되는지 미정 부본부장과 상의를 했다. 11명이 우릴 믿고 왔는데 아직 사무실이 준비가 안 되어 있으니 출근할 곳을 임시로라도 마련해 보자는 제안을 했다. 미정 부본부장이 이런 사정을 이해해 주었고, 나는 눈물 나게 고마웠다.

임시로 구한 사무실은 마산 귀산이라는 동네의 커피숍이었다. 2층을 오전만 통으로 일주일간 빌렸다. 11명을 그곳으로 출근을 시키고 교육도 했다. 전산이 없다 보니 부산 사무실 매니저와 전화 통화를 하면서 일을 시작했다. 하루하루가 힘들었지만 11명은 나에게 힘이 되어 주었다. 그런데 일주일이 지났는데도 사무실이 나오지 않았다. 커피숍 하루 임대료와 하루 종일 마시는 커피 등 비용이 만만치 않았다. 사무실이 언제쯤 나올지 초조했다. 그럼에도 열악한 환경이 너무 미안해서 최선을 다해 책임지려는 내 모습을 알아봤던 걸까? 임대료 50%를 미정 부본부장이 부담하겠다고 나선 것이다. 자기가 오히려 더 미안하다고 겸손의 말을 했지만, 내심 난 그때 세상에 이런 사람이 다 있을까 싶은 마음에 큰 감동을 받았다.

마산 센터에서는 일주일은 더 있어야 사무실이 나온다고 했다. 진짜 미치고 환장할 노릇이었다. 커피숍 임대료는 7일에 300만 원으로 금전적으로도 너무 부담이 되는 상황이었다. 어쩔 수 없이 마산 센터 신인 교육장으로 출근을 시켰다. 오신 분들은 경력자였고, 교육 내용은 이제 막 합격한 2차 월 신인 교육이 주를 이뤘다. 교육장 뒤편에서 신인 교육을 퀭한 표정으로 억지로 듣고 있던 열한 분들을 보고 있자니, 난 그저 울지 못해서 웃는 격이 될 수밖에 없었다. 드디어 얼마 뒤 아주 번듯한 사무실이 마련되었다. 그리고 좌충우돌 리더 서미정 본부장의 스타2L1 본부는 그렇게 나의 첫 번째 산하 조직이 되었다.

그 후, 일 년이란 시간이 흘렀지만 아쉽게도 서미정 부본부장은 정식 본부장 도전에 성공하지 못했다. 게다가 본부장에서 지점장으로의 강등이라는 쓴맛까지 보게 되었다. 다른 L플랜 본부장들은 강등되면 대부분 회사를 떠나 버렸다. 그런데도 미정 부본부장은 오히려 나를 이렇게 독려했다.

"본부장님, 다시 하면 됩니다. 괜찮습니다."

서미정 부본부장님은 항상 나에게 걱정 안 해도 된다고, 자신은 무조건 잘 될 거라는 말도 함께 전했다. 말하는 대로 이루어지리라는 믿음이 확고한 긍정의 아이콘이었다. 이에 대해 권리소득으로 불화가 일어났을 때 본인으로 인해 누군가가 혜택을 받는다면 되레 본인이 더 감사한 일이라고 했다. 베풂과 배려 또한 내가 평가할 수 없을 만큼 바르고 깊은 사람임에 분명했다. 첫 급여를 받았다고 내게 편지와 선물을 준 사람은 처음이었다. 이 경험은 실로 나를 먹먹하게 했다. 또 아닌 것을 아니라고 반박할 수 있는 유일한 친구이기도 하다는 점에서 내겐 정말 소중한 보물임에 틀림없다.

입사 4년의 시점에서 보면 서미정 부본부장 혼자서 도입을 한 인원이 60명 정도다. 항상 이 친구가 나에게 바라는 것은 딱 한 가지다. 본부장님인 내가 자주 마산에 가주는 것이다. 혼자 감당하기가 버거웠던 것이다. 한 번은 이런 표현을 나에게 한 적이 있다.

"본부장님, 축구로 비유하자면 열한 명 선수 가운데 골대를 정확하게 알고 있는 선수는 네 명뿐이고, 그 사실에 신경 쓰는 사람은 그 중 두 명 뿐입니다. 열한 명의 선수들 가운데 오직 두 명만이 자신의 포지션과 자신이 해야 할 일에 대해 정확하게 알고 있으며, 그 중 오직 두 명의 선수만이 상대 팀과의 경기에서 이기기 위해 노력하고 있습니다."

"본부장님, 아이들만 있는 집에 첫째 아이에게 줄줄이 말 안 듣는 동생들 육아를 맡겨 놓고, 아버지는 6일 동안 통화로만 어떻게 해야 하는지 알려 주고선 딱 하루만 집에 오십니다."

나 역시 답답했다. 요즘처럼 이틀에 한 번씩만 있었더라도 좀 나았을 텐데, 그 당시엔 어쩔 수 없었다. 2년 전만 해도 나는 사무실이 부산 북구 덕천, 양정, 거제 옥포, 그리고 미정 부본부장이 있는 마산 사무실까지 총 네 곳이나 되었다. 한 곳에 머물 수 없는 상황이었다. 그런데도 불구하고 그 어려웠던 시기를 잘 버텨 주고 잘 해내 주어서 정말 고마울 따름이다.

내가 글을 쓰게 된 동기도 사실 이 친구의 영향이 크다. 내가 읽은 책의 저자인 고명환 님은 글을 쓰기 위해서 식당을 시작했다고 한다. 나는 더 성장하기 위해 글을 쓴다. 나는 작가도 아니고 책을 출판해서 나를 알리자는 것도 아니다. 우리 본부만의 성장 스토리를 한 권의 책으로 남기고 싶을 뿐이다. 여기엔 내 글뿐 아니라 서미정 부본부장의 글도 함께 담겨 있다. 훗날 또 다른 김정택, 서미정이 있다면, 이 책이 우리 본부의 연대기가 될 수 있다면 좋겠다는 바람이다.

서미정 부본부장

진정한 성공:
사람 중심의 가치

내 편들에게 하고 싶은 말 – 강한솔 매니저, 김진주 매니저, 신혜경 실장님

나를 빛나게 해 주는 이들이 있다. 본부 매니저 두 분과 실장님이 그 주인공들이다. 덕천에는 강한솔 매니저, 마산에는 김진주 매니저가 있다. 그리고 메리츠화재 노장 신혜경 실장님도 있다. 언제나 이들은 나의 빈자리를 빈틈없이 채운다. 하나를 얘기하면 열을 만들어 낸다. 혜경 실장님, 진주 매니저, 한솔 매니저, 이 친구들은 내겐 그냥 가족이고 동생들이다.

영원한 내편들
실장 신혜경 마산매니저 김진주 부산매니저 강한솔

진주 매니저

4년 전 서미정 부본부장과 DB손해보험에서 함께 넘어온 친구다. 나이는 어리지만 속이 매우 깊은 사람이다.

"진주야! 너는 그냥 부처다, 부처."

이렇게 난 이따금 진주 매니저를 추켜세운다. 특히 DB손해보험에서 이직한 친구들 중 유일하게 지금까지 서미정 부본부장 곁에 있는 고마운 친구다.

마산은 외곽이라 혼자서 실장 업무에 매니저 업무까지 도맡아하기엔 매우 벅찬 일이다. 그런데도 한 번도 짜증을 내거나 화를 내는 것을 본 적이 없다. 항상 웃는 얼굴이다. 6개월 전부터는 도입까지 시작해 업무가 더 늘었다. 1인 3역이란 말은 이 친구를 보고 생겨난 말인 듯하다. 매니저 업무, 실장님 업무, 팀장 업무 등 쏟아지는 업무 속에 파묻혀 있는 진주 매니저를 볼 때면, 이런 사람이 어느 날 갑자기 그만둔다고 하면 어떻게 하야하나, 괜한 걱정까지 생길 정도다.

나는 이틀에 한 번씩 마산으로 출근한다. 4년 동안 진주 매니저는 급한 일이 있지 않는 한, 나를 두고 먼저 퇴근을 한 적이 한 번도 없었다. 어느 날 퇴근길에 마산에서 집으로 가는데 안개비가 내렸다.

음악을 듣고 가는데 문득 진주매니저 생각이 났다. 아직도 사무실을 지키고 있겠지 하는 생각에 유독 미안한 마음이 들어 전화를 걸었다.

"진주야! 너, 지점장 해 볼래?"

그런데 말이 떨어지기가 무섭게,

"네, 하고 싶어요."

"그래. 내가 도와줄게. 해 보자."

그런데 말을 하고나서 난 마음이 너무 아팠다. 그동안 한 번도 진주에게 이런 질문을 해 본 적이 없었기 때문이다. 희생만 강요했던 건 아니었는지 후회가 밀려왔다. 이런 생각을 하는 나에게 "아니에요. 괜찮아요."라고 오히려 위로를 건넬 사람이다.

가장 가까이에서 지내고 있는 서미정 부본부장이 진주 매니저에게 이런 표현을 한 적이 있었다.

"근사한 가게를 알게 되어 사람들을 데려가 소개해 주면, 그게 무슨 내 가게인 양 우쭐해질 때가 있다. 벽돌 하나 쌓은 적 없고 숟가락 하나 보탠 적 없는 그 공간이 나의 무엇이라도 되는 것 같은 기분은 나를 근사한 사람으로 만들어주는 것 같다."

진주는 나에게 그런 사람이다. 어디를 가도 자랑하고 싶고 나를 우쭐해지게 하며, 내가 근사한 리더가 된 것 같은 기분이 들게 하는 사람이기 때문이다. 당장은 꽃길이 아니라 흙길을 걷게 해서 미안할 뿐이다. 하지만 씨를 뿌리면서 비로소 흙길을 꽃길로 만들면서 걷고 있다는 것을 알아줬으면 좋겠다.

"누가 이렇게 예쁜 꽃길을 만들었나!"

나중에 우리의 길을 따라올 사람들로 인해 알게 될 것이다. 그래서인지 내가 옆에서 가만히 보면, 서로를 생각하는 마음이 많이 애틋하다. 그래서 난 두 분 모두 언제나 지금처럼 미소를 잃지 않도록 해줄 것이다.

김진주 매니저

우리 솔이

강한솔 매니저는 딸 같은 아이다. 이 말을 적기까지 몇 번이나 고민했다. 솔이는 동아대 총 학생 무리들 중 한 명이다. 어느 날 본사 워크숍이 끝나고 내려오는 길에 솔이 아버지께서 돌아가셨다는 소식을 들었다. 이튿날 지점장들과 하동 장례식장으로 향했고, 솔이가 입사한 지 얼마 되지 않아서 우린 인사만 하고 올라왔다.

시간이 지나 솔이의 영업방식이 남달라 보여서 유심히 지켜보았다. 솔이가 했던 영업방식은 맛집 블로그 광고였다. 솔이를 유치한 총학 막내 팀장과 점심을 함께 한 날이었다. 부산 만덕에는 대박이 터진 돈가스집이 있는데 맛과 양이 완전 최고인 집으로 유명하다. 줄을 서서 기다렸다가 테이블에 앉았을 때, 나는 두 친구에게 물어보지도 않고 주문을 바로 했다. 주문한 돈가스 세 개가 나오자 솔이는 블로그에 올릴 사진을 여러 장 찍더니 식사를 시작했다. 그런데 이 두 녀석이 잘 먹지를 못하는 것이 아닌가?
"너희들이 이 집 가자고 해 놓고선 왜 못 먹어?"
"아닙니다. 먹고 있습니다."
아니라고 했지만, 내 눈에는 억지로 먹는 듯 보였다. 다음 날 블로그 영업에 관해 얘기하다가 생각 난 김에 '한토리의 함냐함냐 로드'

에 들어가 보았다. 그런데 거기에 어제 먹었던 돈가스가 업로드 되어 있었다. 반가워서 집중해서 읽어 내려가는데 웃긴 글이 보였다. 전날에 술을 많이 마셔서 돈가스가 아닌 수제비가 먹고 싶었는데 우리 본부장님이 묻지도 않고 돈가스를 시켜 주셨다는 얘기였다. 글을 보고 난 얼마나 웃었는지 모른다. 정말 미안하다. 음주 후라 돈가스 맛이 굉장히 텁텁했을 텐데 말이다.

솔이는 올해 스물아홉 살로 술도 곧잘 마신다. 어느 날 지점장과 2차로 가라오케에 간 적이 있었다. 밖에서 담배를 태우고 있는데 지점장이 옆에 와서 술에 취한 목소리로 농담을 건넸다.
"본부장님! 솔이, 양딸로 하시지요."
그만큼 서로 장난도 잘 치고 막역한 사이로 잘 지냈다. 2년 전쯤 마산 사무실에 있을 때, 정현 지점장이 솔이 할머니께서 돌아가셨다는 소식을 전해왔다. 난 바로 하동으로 내려갔다. 솔이 얼굴을 보고 올라오는 길에 솔이의 깊은 사정을 들을 수 있었다. 그때부터 지금까지 솔이는 내 큰딸이라고 내 마음속에 담아 두게 되었다. 혹여 이 글로 인해 속상해 할 아이가 아니라고 믿기 때문에 이렇게 내 맘속 딸이라고 생각하는 이유를 적어보았다. 솔이가 덕천에서 매니저 업무를 시작한 지 5개월 정도 되어 간다. 나이 많으신 아줌마들 등쌀에도 의젓하게 잘 해내고 있다. 무엇보다 업무 습득도 빠르고 일을 찾아서 하는 스타일이다. 그래서 5개월 전에 비해 매니저 급여를 세배로 높였다. 한 본부의 안주인 역할을 너무도 잘 해내고 있기 때문에 그 정도는 받아도 된다고 본다. 진주나 솔이가 있기 때문에 내가 다른 업무를 볼 수 있고 빛이 난다. 아마 이 두 녀석이 없었다면 난 아무 일도 할 수 없었을 것이다.

내 동생이자 내 딸인 진주, 솔이!

많이 많이 고맙고 사랑한다.

강한솔 매니저

내가 본부장이 된 이후 세 번째 실장님 신혜경

2022년 11월, 내게로 모르는 번호의 전화가 왔다.
"안녕하십니까? 덕천으로 발령받은 신혜경 실장입니다. 덕천 사무실에서 뵙고 다시 인사드리겠습니다."

난 원래 내근직이 아닌지라 이런 인사는 처음 받아보았다. 며칠 뒤, 우린 사무실에서 만났는데, 그 때 알게 된 사실은 신실장님이 메리츠화재에서 근무한 지 20년이 넘었다는 점이다. 우리 집과 실장님 집이 차로 7분 거리여서 내가 덕천으로 출근하는 날이면 대중교통을 이용하시는 실장님을 모시고 출퇴근을 한다. 차 안에서 얘기를 나누다가, 타 본부에 내가 너무 좋아하는 형님을 예전에 모신 적이 있다는 얘기까지 나와서 더 친밀감이 일었다. 부동산부터 주식, 교육 등 분야를 막론하고 어찌나 아는 것이 많은지, 덕분에 출퇴근길이 심심한 적이 없었다. 성격도 싹싹한데다가 20년 근무로 다져진 업무 완성도도 높아서 많은 도움을 받고 있다. 실장님과 근무한 지 이제 1년이 지났지만, 10년을 함께 근무한 것 같은 느낌을 자주 받는다.

신혜경 실장님

소중한 나의 사람들 이렇게 보내는
시간들이 나에게 있어서 가장 큰
행복이다

> 동행은 같은 방향으로 가는 것이 아니라,
> 같은 마음으로 가는 것이다.

진정한 성공:
사람 중심의 가치

재훈 팀장님의 빈자리

이 친구는 4개월 전 내 가슴에 대못을 박고 하늘나라로 갔다. 간암인 줄 알면서도 치료 한 번 받아보지 못하고 이 세상을 떠나 버린 나쁜 친구다. 이재훈 팀장은 전 회사인 DB손해보험에서 나와 함께 근무하였고, 내가 보험회사 입사 당시 DB손해보험 육성 코치로 근무하던 사람이다. 이후, 내가 팀장으로 근무할 당시 팀원으로 함께 한 동갑내기 친구이기도 하다.

10년 전, 하나밖에 없는 내 동생이 방광암 판정을 받아 내가 힘들어할 때, 날 진심으로 위로해 주고 같이 부둥켜안고 함께 울어 줄 정도로 정도 많고 마음도 여린 놈이었다.

내가 메리츠화재로 이직을 고민할 때도 제일 많이 걱정했던 친구다.
"택아!! 그곳에 가서 두 배로 열심히 하고 두 배로 대우받아라. 너의 노력이 회사 사람 평가의 기준만 되니, 너의 판단을 존중한다. 너는 어디를 가든지 잘 해낼 거야. 그리고 진호(배우자)는 걱정 말고 내가 오며 가며 챙길 테니까 네가 하고자 하는 일에 집중해라."
이렇게 나를 응원한 친구였다.

메리츠화재로 이직 후 본부장 되려고 사람들을 이용했단 말을 듣기 싫어서 난 재훈 팀장이나 아내에게도 먼저 함께 하자는 말을 하지 않았다. 본부장이 되고 나서야 재훈이에게 더 나은 근무조건을 제안했다. 그렇게 3년 전에 나를 믿고 온 친구였다. 누구보다 서로를 잘 알고 의지하면서 지내던 각별한 사이였다.

이직 후, 그는 예전에 내가 알던 재훈이가 아니란 착각이 들 정도로 열심히 일을 했다. 그런데 팀장에서 지점장 승격을 앞두고 정체에 많이 힘들어했다. 노력만큼 성과가 따라 주지 않아서였다. 나 역시 그게 제일 안타까웠다. 그러나 난 직접 도와주거나 티를 낼 수는 없었다. 친구이기 이전에 본부 산하 팀장이었기에 더 모질게 대할 수밖에 없었다. 내심 난 그가 잘 이겨 내길 바랄 뿐이었다.

이런 마음은 굳이 말하지 않아도 서로 잘 알고 있었기 때문에 아무 말 없이 버텨 왔던 놈이다. 때론 축 처진 어깨를 보면 안아주고 싶었지만, 내가 모질게 해 온 그 시간이 물거품이 될까 봐 난 짐짓 모른 채 돌아서야만 했다.

1년 전부터 그는 출근이 잘 되지 않았다. 지점장한테 물어보니 몸이 좋지 않아서 오후 출근을 한다고 했다. 나는 단 한 번도 그가 진짜로 몸이 아파서 늦게 온다고 생각하지 못했다. 전 회사에서도 잠이 많다는 이유로 출근이 잘 되지 않았기에 나태함으로 한심하다는 생각밖에 하지 않았다. 그런데 시간이 지날수록 결근 횟수가 잦아졌다. 그때까지도 나는 나약한 놈이라고 질타만 하고 있었다.

출근도 되지 않는 재훈이가 3월 초쯤 전화가 왔다.
"택아, 미안하다. 몸이 많이 안 좋으니 조금만 기다려 주라." 전화를 끊고 느낌이 이상해서 지점원들에게 재훈이의 상황을 물어보았다. 예전에 가입한 보험이 실효가 되어서 최근 한 달 전에 다시 보험에 가입했고, 그래서 병원에 못 가고 있다는 얘기를 들려주었다. 그저 한심하다는 생각에 더 이상 물어보지도 않았다. 며칠이 지나고 내가 먼저 전화를 한 통 걸었는데, 풀죽도 못 먹은 듯한 힘없는 목소리였다.

"재훈아, 많이 안 좋아?"

그러나 그는 그냥 소화가 안 되어서 잘 못 먹는다고만 했다.

몇 주가 지나고, 주위 친구들에게 들려오는 소리로는 재훈이가 간이 안 좋아서 집에서 보험금이 지급될 수 있는 날에 병원에 가려고 기다리고 있다는 것이었다. 저렇게 미련한 놈이 어디 있을까? 욕이라도 퍼부을 생각으로 전화를 걸었는데 겨우겨우 말하는 목소리만 들려왔다.

"택아, 나 이티가 되어 간다."

그 말을 듣는 순간 난 화가 나서 미칠 것만 같았다. 참 똑똑하고 현명한 친구였는데 이해할 수가 없었다.

"야! 이 미친놈아! 왜 그러고 있는데? 병원에 가라!"

재훈이는 5월 23일 서울 세브란스 병원에 예약해 놓았다며, 옆에 누나도 계시고 제수씨도 계시니까 걱정 말라고 했다. 그런데 5월 21일 재훈이한테서 문자가 들어와 있었다.

"새벽에 응급으로 부산 백병원 와 있다. 신장 투석 중…." 이게 전부였다. 제수씨한테 전화해 보니 그가 중환자실에서 신장 투석 중이고 면회도 하루에 한 번밖에 되지 않는다고 했다.

다음 날인 5월 22일, 코로나 이후 메리츠 드림 행사가 인천 송도에서 열렸다. 이 때 서미정 부본부장과 이라원 부지점장이 승격식을 했다. 난 부산으로 내려오는 길에 제수씨의 울먹이는 목소리를 들었다.
"오빠! 재훈 오빠가 이상해요. 자꾸 헛소리하고 의사 선생님이 마음의 준비를 하라고 합니다."
억장이 무너지는 것 같았다.

새벽 1시 30분쯤 집에 도착해 자려고 누웠는데, 그날따라 이상하게도 재훈이가 내 옆에 함께 누워 있는 듯한 느낌이 들었다. 처음 느껴 보는 기분이었다. 혹시 전화가 올까 봐 머리 위에 핸드폰을 두고 잤다. 그리고 아침에 일어나자마자 핸드폰부터 얼른 확인해 보았다. 다행히도 전화 온 것이 없었다. 잠시 운동을 갔다가 씻고 출근하는 길에 재훈이 제수씨한테 전화를 걸었다. 아직 대기실에서 기다리고 있다는 얘기를 듣고, 난 마산으로 출근해 업무 준비를 하고 있었다.

9시 경, 전화기 화면에 '재훈이 제수씨'라고 뜨는 것을 보자 좋지 않은 예감이 들었다.
"오빠! 재훈 오빠 죽었어요. 어떡해요, 오빠."
재훈이와 이틀 전에 했던 통화가 떠올랐다.
"택아, 나 서울 가서 검사받고 올게."
치료받을 수 있다는 희망의 목소리가 고작 이틀 전이었는데, 이렇게 사람이 쉽게 죽을 수 있나? 믿을 수 없었다. 그 순간 아무것도 할 수 없었다. 다시 제수씨한테 전화를 걸어 진정시킨 다음 이것저것 상의한 후, 내가 아는 김해 장례식장 대표님께 전화를 걸어 백병원으로 앰뷸런스 한 대 보내 달라고 하고서 나도 김해로 출발했다.

김해로 가는 길 내내 재훈이를 못 챙겼다는 자책감에 하염없이 눈물이 흘렀다. 앞이 보이지 않을 만큼 눈물이 쏟아졌다. 심장을 쥐어짜는 듯한 고통으로 숨이 턱턱 막히고 애간장이 끊어질 듯 아팠다. 한동안 그렇게 난 아픈 눈물을 계속 쏟아 낼 수밖에 없었다.

DB손해보험에서 잘 지내던 형님께 전화를 걸어 재훈이의 상황을 얘기했다. 형님과 나는 재훈이 사정을 예전부터 너무 잘 알고 있었다. 매달 카드 값으로 힘들어하는 것을 10년을 곁에서 지켜보았기 때문이다. 하지만 형님과 나는 도저히 이해할 수가 없는 부분도 많았다. 자식이 있는 것도 아니고, 둘이 살면서 왜 매달 궁상맞게 살고 있는지! 여러 번 얘기했지만 아무리 친한 친구여도 더 이상 참견할 수가 없었기에 참을 수밖에 없었다. 암 진단금을 받기 위해서 죽을 때까지 기다려야만 했는지, 지금도 그 생각만 하면 답답함에 심장이 터질 것만 같다.

장례식장에 재훈이의 사진이 걸려 있는 것을 보니 정말 기가 찼다. 죽기 전 몇 달 동안 얼굴 한 번 못 보고 따뜻한 밥 한 끼 같이 못 먹었는데…. 너무 미안한 마음에 심장이 녹을 것처럼 눈물이 쏟아졌다. 재훈이는 자기 신장을 투석할 때까지 나에게 카톡 문자를 보낸 놈이다. 그 정도로 내가 보고 싶었을 텐데…. 본인이 살 수 있는 느낌이 아니란 것을 알아채고는 없는 힘까지 쥐어 짜내 나에게 문자를 보냈을 텐데…. 후회와 원망과 그리움이 뼛속까지 사무치는 듯했다.

DB손해보험, 메리츠화재 등에서 재훈이를 아는 분들께 내가 대신 부고장을 보내고 전화도 드렸다. 나는 상주의 완장 대신 가슴에 두 줄을 새기고 3일 내내 재훈이 곁을 지켰다. 그리고 이제 영원히 볼 수 없을 재훈이 얼굴을 직접 보고 마지막 인사를 하고 싶었다. 무릎을 꿇은 채 재훈이 얼굴을 쓰다듬었다.

"재훈아, 미안하다. 하늘나라 가서 돈 걱정하지 말고, 아프지 말고 행복해라."

그렇게 마지막 인사를 하고 재훈이를 하늘나라로 보냈다. 김해 시민 추모 공원에서 화장하고, 지금은 밀양에 있는 만어사 추모 공원에 안치되어 있다.

"재훈아! 우리 다음 생에도 꼭 친구 하자!"

고인이 된 나의 친구 이재훈 팀장

진정한 성공: 사람 중심의 가치

가버린 친구에게 바치는 책 한 권

재훈 팀장이 입사할 때 DB손해보험에서 세 명이 메리츠화재로 이직을 했다. 그리고 그는 입사 두 달 만에 팀장이 되었다. 예전 회사에선 육성 코치를 6년 정도 했을 만큼 입담과 머리 회전도 빠르고 똑똑한 친구였다. 또 사업 설명회를 도맡아서 할 만큼 지점장, 본부장이 되겠다는 열정도 대단했다.

"나는 날개를 달아 주고 싶어. 너 하고 싶은 것 다 해라. 내가 빚을 내서라도 다 해 줄 테니까."

하지만 재훈 팀장의 성장은 생각처럼 잘되지 않았다. 그래서 도움을 주는 입장에서도, 받는 입장에서도 모두가 조금씩 지쳐 가고 있었다. 하루는 재훈 팀장이 면담을 요청 했다. 그의 아내가 홈플러스 매장에서 액세서리 전문점을 하는데 알바생이 없어 두 달 정도 도와줘야 한다는 말이었다. 이 말을 듣고 나는 헛웃음만 나왔다.

입사 당시 힘들다고 해서 2천만 원을 해 주고 친구이자 상사로서 내가 어떻게든 그가 힘들지 않게 하려고 노력을 해왔다. 그런데 잘되지 않는다는 이유로 나를 버리고 도망가 버리는 것 같아 서운했다. 내 입장은 하나도 생각하지 않는 것 같은 재훈이가 미웠다. 그래서 나는 그냥 회사를 그만두고 아내 일이나 도와주라고 하고선 그 자리에서 일어나 버렸다. 이후, 내가 한 말이 무거웠는지 장문의 글이 왔다. 짧았던 본인 생각을 이해해 달라는 내용이었다. 그렇게 데면데면한 시간이 흐르는 동안 난 당시 네 군데의 사무실을 관리하느라 정신없는 나날들을 보내고 있었다. 재훈이 역시 성장은 더디었지만 나름 꾸준히 열심히 하고 있었다. 내가 왜 서운했는지, 재훈이는 무슨 사정이 있었던 건지, 우린 서로 약속이나 한 듯 그날의 이야기를 더 이상 꺼내지 않았다.

1년이라는 시간이 흐르고 지점장, 팀장, 매니저 16명과 본부 북클럽을 시작했다. 첫 번째 북클럽은 마산에 위치한 아주 오래된 헌책방에서 열었다. 한근태 교수님의 '몸이 먼저다'라는 책을 읽고 사전 과제를 바탕으로 발표하는 자리였다.

재훈 팀장 차례가 되었다. 본인은 이 책을 읽던 중, 아내와 공원을 30분 정도 걷는데 갑자기 가슴에 통증을 느꼈다고 말했다. 자기가 요즘 몸이 안 좋은 것 같다며 이 책에서 말하는 것처럼, 정말 몸이 먼저인 것을 요즘 절실히 느낀다는 얘기였다. 덧붙여, 건강할 때 모두 건강을 잘 지키시길 바란다는 말과 함께 갑자기 울먹거리기 시작했다.

첫 번째 북클럽 창동 헌책방에서

'저 친구가 갑자기 왜 저러지?'

같이 계신 분들도 깜짝 놀라며 어리둥절해 했다. 북클럽이 끝나고 나는 헌책방에서 파는 책을 한 권씩 선물로 드린다고 약속했다.

모두 책을 고르는 중에도 재훈 팀장에게 다가가 어디 아프신 거냐며, 무슨 일 있으시냐고 사람들이 물어보는 걸 난 그 뒤에서 얼핏 들었다. 그냥 조금 몸이 안 좋다 해서 몇 가지 검사만 더 할 거고, 별 일 아니라고 해서 나도 대수롭지 않게 넘겼었다. 그런데 그날 이후 그는 급속도로 몸이 악화되었고, 결국 지금은 내 곁에 없게 되고 말았다.

재훈이는 나이에 비해 열린 사고방식과 좋은 표현력을 가지고 있는 친구였다. 또래들처럼 꼰대도 아니었다. 그는 배움과 성장에 대해 항상 갈구했다. 회사에서 진행하는 행사에 한 번 다녀오면 에너지가 넘쳐났고, 주위 동료들에게도 불타는 의지를 전염시켰다. 그리고 항상 나에게 했던 말은 "나도 메리츠 드림 행사장에서 지점장 승격하고 싶다."였다. 이 말을 돌림노래처럼 해대던 친구다.

그동안 코로나 때문에 못 했던 행사가 2년 만에 5월 22일 인천 송도에서 열렸는데, 그 전날 재훈이는 백병원 응급실에 있었다. 월요일 아침에 나는 재훈이에게 그게 마지막이 될지도 모르고 문자를 보냈다.
"네가 그렇게 가고 싶어 하는 메리츠 드림 행사에 다음에는 꼭 같이 가자! 재훈아, 무조건 이겨 내라."
나의 당부가 너무 허무해 슬플 만큼 다음 날 재훈이는 떠나 버렸다. 오랜만에 열린 본부의 축하 행사를 자신의 부고로 인해 모두가 온전히 기뻐하지 못할까봐 마치 하루를 기다린 사람처럼, 그렇게 가고 싶어 했던 메리츠 드림은 기약 없이 미루어 버린 채 떠나 버렸다.

49재를 7월 10일 밀양에 있는 만어사에서 지냈다. 마지마 제사로 재훈이를 보내고 만어사 추모 공원에 안치시켰다. 만어사는 수명을 다한 용왕의 아들이 길을 가다가 잠시 쉬기 위해 머무르자 미륵돌로 변하였고, 그를 따랐던 수많은 물고기 떼 역시 돌로 굳어져 장관을 이루는 돌밭으로 변해 버린 곳이란 전설이 깃든 곳이다. 재훈이도 이곳에서 편안히 쉬어 가길 바란다.

 우리 이야기를 책으로 낸다는 얘기를 두 번째 북클럽 때 했었다. 그 자리에 재훈이도 있었다. 이 책이 완성되면 난 재훈이에게 제일 먼저 가져갈 생각이다. 재훈이를 보내 버린 마음의 빚을 조금이나마 갚고 싶은 심정으로 말이다. 말은 못 해도 어느 누구보다 좋아할 놈이라 재훈이 사진 옆에 넣어 두고 올 생각이다.

> 어제는 과거라고 부른다.
> 내일은 미래라고 부른다.
> 오늘은 선물이기에 이 책 한 권을 떠나간
> 친구에게 바친다.

진심을 담아,
가족과의 시간

아들이 나에게 써 준 편지

이 편지는 우리 아들 락현이가 본부장 승격식에 초대받아서 무대에서 낭독하려고 직접 준비한 것이다. 당시 부산 KBS 홀에서 진행하려고 했으나 승격과 동시에 코로나가 창궐하는 바람에 모든 행사가 취소되는 상황이었다. 물론 우리 회사 행사 또한 취소되었지만 나는 괜찮았다. 왜냐하면 아들이 내게 써 준 편지는 기대했던 승격식이 취소된 것에 대한 아쉬운 마음을 아무것도 아니게 만들었기 때문이다.

"안녕하십니까?
저는 김정택 본부장님의 아들, 김락현이라고 합니다. 저는 아빠처럼 이런 이야기를 많이 해본 적도 없고, 아빠처럼 재미없는 이야기를 길게 하는 것도 제 적성에 잘 맞지 않아서 하고 싶은 이야기를 짧게 하겠습니다.

저희 아빠는 되게 힘들게 살아오셨습니다. 음식 장사를 하면서 손님이 많아도 힘들어 보였고, 또 손님이 없어도 힘들어 보였습니다. 하지만, 지금은 지점장, 본부장으로 한 단계씩 올라가는 아빠를 보면 행복해 보입니다. 분명 출근도 새벽같이 일어나서 나가시는 걸 보면 지금이 더 힘든 것 같은데 오히려 되게 행복해 보입니다. 저희 아빠가 지금처럼만 행복했으면 좋겠습니다. 아빠!! 본부장 되신 것 축하드려요."

아들은 나와 많이 닮았다. 외부적인 것에 크게 개의치 않는다고 해서 마음마저 덤덤한 것이 아닌 게 더 그렇다. 강하게 크지 못할까 봐, 나약해질까 봐, 하지 않아도 될 일에도 난 참 모진 말을 많이 했었다. 그리고 따뜻한 말 한마디 못 건네는 아버지의 냉정함에 상처도 많이 받았을 것이다. 그런 아들에게 처음으로 받은 편지였다. 아버지의 수고를 생각하면서 덤덤하게 적어 내려갔을 아들의 마음이 한 자, 한 자, 내 심장에 칼로 새겨지는 듯했다.

안녕하십니까.
저는 김정택 본부장님 아들 김락현 이고 합니다.
저는 아빠처럼 이런이야기를 많이 해본적도 없고
아빠처럼 재미있는 이야기를 길게하는것도
제 적성에 잘 맞지않아서 하고싶은 이야기를
이야기만 짧게 이야기하고 내려가려 하겠습니다.
저희 아빠는 되게 힘들게 살아왔습니다.
음식장사를 하면서 손님이 많아도 힘들어보였고
손님이 없어서도 힘들어보였습니다.
하지만 지금은 지점장, 본부장 하단계 쑥쑥
올라는 아빠를 보면 행복해보입니다.
분명 출퇴근도 새벽같이 일어나서 나가시는걸보면
지금이 더 힘들것 같은데 되게 즐거워 보입니다.
저희 아빠가 이대로만 지금처럼만 좀 행복했으면
좋겠습니다.
아빠 본부장되신거 축하드려요.
이상입니다.

아들 락현이가 써준 편지

진심을 담아,
가족과의 시간

아빠의 유산

　나는 1남 2녀의 자녀를 두고 있는데, 아이들은 아빠인 나를 많이 무서워한다. 그건 주위의 영향을 많이 받아서 생긴 것 같다. 뭔가를 사려고 할 때나 시켰는데 말을 안 들었을 때, 엄마, 이모, 외할머니는 애들에게 항상 공통적으로 한 가지 무기를 들이댔다.
　"아빠한테 다 얘기한다."
　나는 혼낼 생각이 없어도 분위기상 어쩔 수 없이 근엄한 표정을 지을 때도 있었다. 말하는 사람이나 아이들, 나조차도 모두가 그렇게 학습되어 왔던 탓에 우리 집에서 나는 제일 무서운 사람이 되고 말았다.
　첫째 락현이, 둘째 민서는 지금까지도 아빠에겐 경어를 쓴다. 그러나 우리 집에서 혹여 내가 명령조로 얘기하면 내게 반말과 동시에 장난하듯 "내가 왜?"하며 따지는 녀석이 한 명 있다. 막내 나현이다. 막내라 그런지 셋 중 조금 더 예쁘고 나를 많이 닮았다.

　새해가 시작 된 1월 2일. 아들 락현이가 중학교 3학년이 되던 해, 난 락현, 민서, 나현이를 거실로 부른 적이 있다. 그런데 거실에 하나, 둘 모이는 동안 막둥이 나현이가 "아빠 왜? 통닭 시켜 줄려고?"하며 대뜸 명랑한 요구를 했다. 시켜 줄 테니 앉으라고 한 후 난 녀석들 앞에 색종이를 내밀었다. 이들에게 장래 희망(꿈)을 거기에 적게 하려는 의도였다.
　"아빠도 적을 거야. 우리가 각자 꿈을 적은 종이를 접어서 선반 위에 있는 단지에 넣어 두고 일 년 뒤에 읽어 보자."
　일 년 동안 우리가 본인의 꿈을 위해 얼마나 노력하면서 살아왔는지 그 때 가서 얘기를 나누자고 약속했다.

　그러나 막둥이 나현이는 "아빠, 난 꿈이 뭔지 모르겠어." 하면서 통닭 얘기만 되풀이했다. 그래서 난 나현이에게 간호사, 의사, 선생님 등 수많은 꿈의 종류를 나열해 주었다. 그때야 "아, 유치원 선생님이 되고 싶어."하는 자기의 바람을 들려주었다. 그렇게 세 아이의 꿈을 접은 종이를 함께 단지에 넣었다. 그런데 난 두 딸아이보단 아들 락현이의 꿈이 더 궁금했다. 그래서 그러면 안 되지만, 애들이 잠든 사이 난 락현이가 적은 꿈을 단지 속에서 몰래 꺼내 읽어보았다. 그런데 읽는 순간 난 화가 훅 치밀어 올랐다. 왜냐하면 적혀 있는 아들의 꿈은 바로 '편의점 알바해서 독립하기'였기 때문이다. 그때는 아들의 꿈이 도저히 납득이 되지 않았다. 아들 하나 있다고 아내가 학원을 여럿 다니게 하면서 어릴 때부터 얼마나 공을 들였는지 잘 알고 있기 때문이었다. 가까운 지인들과 술자리에서 어느 정도 취기가 오를 때면 나는 단지 속에 있던 아들의 꿈 이야기를 푸념하듯이 했다.

세월이 흘러 아들은 스물두 살이 되었다. 제대 후 회사와 대학을 병행하면서 사회생활을 잘 하고 있다. 요즘 내가 그때의 일을 떠올려보면 오히려 아빠인 나보다 더 현명하고 현실적인 꿈을 꾸었는지도 모르겠다는 생각에 미안한 마음이 든다. 당시 열여섯 살이었던 락현이가 할 수 있는 일은 많지 않았을 것이다. 그래서 현실적인 편의점 알바를 선택했을 것이다. 당장 실행할 수 있는 일이어야 했을 것이다. 무엇보다 독립은 부모에게 기대지 않겠다는 기특한 생각을 반영한 표현일 것이다. 적어도 요즘 사회적으로 다 큰 자녀가 분가를 하지 않고 부모와 함께 살기 바라는 일부 MZ세대의 캥거루족처럼 세상을 공짜로 살겠다는 마인드는 아니지 않는가? 자기 몸 하나라도 지켜보겠다는 책임감을 가진 아이가 앞으로 얼마든지 더 비범한 꿈을 가질 수 있을 텐데 말이다. 이제라도 아들에게 아빠의 짧았던 생각에 미안했다고 사과하고 싶다. 이런 아빠 마음을 락현이가 책을 읽다가 스스로 발견해 주길 바란다. 그리고 다시 아들의 꿈을 들을 기회가 생긴다면 좋겠다. 더불어 아빠의 꿈을 들려주는 것도 함께 말이다.

입사하고 얼마 지나지 않아, 메리츠화재 김용범 부회장님이 이런 말씀을 하신 적이 있다.

"맥도날드에서 패티를 굽던 아르바이트생이 CEO가 되었다. 이곳 메리츠화재에서도 가능하다. 꿈을 꾸어라."

'꿈'이라는 단어를 들었을 때 나처럼 심장이 요동치는 사람이 몇이나 될까?

나는 우리 아들딸들에게 아빠가 어떤 꿈을 꾸었고, 그걸 어떻게 이뤄내는지 꼭 보여 줄 것이다. 그리고 언젠가 락현이가 결혼하고 싶은 여자가 생긴다면 나도 그의 부모를 만날 일도 있을 것이다.

"아버지는 뭐 하시는 분인가?"

이렇게 락현이가 질문을 받았을 때, "저희 아버지는 메리츠화재 상무이십니다."라고 자랑스럽게 대답할 수 있는 자리에 오를 것이다. 그리고 아버지가 이걸 이루기 위해 걸어왔던 길을 보여줌으로써 돈보다 더 위대한 유산을 물려줄 것이다.

오늘부터 앞으로 1,095일 되는 날, 나는 이렇게 인사할 것이다.

"안녕하십니까? 메리츠화재 김정택 상무입니다."

> 사랑하는 나의 아들딸들아, 꿈을 꾸어라.
> 그러면 그 꿈이 너희들을 만들 것이다.

쉬어 가는 페이지

김정택'S 독서노트

'운'

"운은 항상 몸에 깃들며 자연의 이치와 함께 돌아간다. 그래서 몸과 마음가짐 바르면 좋은 운이 되고, 그렇지 않으면 나쁘게 된다. 몸과 마음가짐을 제대로 하면 절대로 운이 나빠져서 고생하는 일은 없을 것이다."

네잎클로버는 사람들로 하여금 행복을 높일 수 있게 희망을 주는 상징이다. 다들 네잎클로버를 찾기 위해 풀밭을 뒤진 경험이 한 번쯤 있을 것이다. 나는 여태까지 네잎클로버를 단 한 번도 찾은 적이 없다. 그렇다면 나에겐 정말 행운이 없는 것일까? 하지만 어느 누구는 네잎클로버를 찾은 기억이 있을 것이다. 그 풀밭 전체에 네잎클로버가 하나만 있는 것이 아닌데도 사람들은 네잎클로버를 찾은 것만으로도 행복을 느낀다. 그 많은 풀밭에 네잎클로버가 수없이 많다면 행운의 네잎클로버로 느껴지지는 않을 것이다.

운도 마찬가지다. 자기가 원하는 꿈이나 성과를 이뤘을 때 정말 내가 운이 좋다고 판단하는 건 잘못된 것이다.

행운이 오고 운이 온다는 것을 느끼기 전에 자기 자신을 먼저 사랑하고 믿어야 한다. 작은 것에도 감사함을 느끼고 행운의 크기를 차별해서는 안 된다. 때론 '나는 진짜 운이 없다'고 판단할 수도 있다. 그 이유는 운의 크기를 스스로 평가하기 때문이다. 그러므로 작은 것에도 감사함을 느껴야 한다.

즉, 운의 크기와 상관없이 자신에 대한 무조건적인 믿음이 있어야 한다. 그렇게 된다면 정말 좋은 운이 올 것이다. 행운의 네잎클로버를 지나가는 풀밭에서 자주 만나게 된다면 그 가치 또한 떨어질 것이다. 행운의 클로버를 찾기 위해 노력했기에 네잎클로버를 찾을 수 있었던 것이다. 운 또한 노력 없이는 좋은 운으로 올 수가 없다. 방 안에 앉아서 운이 저절로 오기만을 기도 한다고 해서 정말 운이 올까? 그러므로 내가 바란 것에 작은 성과가 나왔을 때, 또는 성공을 했다 하여 모든 게 행운이 함께 했다는 것은 잘못된 생각이다.

노력의 결과에 운이 따랐을 뿐이다. 어느 날, 난 고속도로에서 200km로 달리다 중앙 분리대를 박은 적이 있다. 차가 전손 될 정도로 망가졌지만 나는 살아났다. 그때 주위에서 '너, 참 운이 좋다'라는 말을 했었다.

우리의 운은 일상생활에서 무수히 발생한다. 큰 것만 바라다보니 작은 것은 느끼지 못한다. 행운은 우연이 아니기 때문이다. 지금 이 순간 글을 읽고 있는 여러분에게도 행운이 온 것이다. 하지만 운이 왔다고 생각하지 않는 것이 문제다.

행운은 어느 날 갑자기 복권에 당첨되는 것처럼 운 좋은 사람에게 일어날 수도 있다. 그러나 뉴스나 기사에서 로또복권 당첨금으로 행복하게 살고 있다는 얘기는 들어본 적이 없다.

내가 생각하는 행운은 노력을 통해 끌어당길 수 있다는 믿음에 있다. 누군가에 의해서 믿는 것이 아니라, 스스로 본인을 믿어야 된다는 말이다.

자신에게 행운이 다가올 것을 믿고, 때를 알아 삶에 다가오는 기회들에 적극적으로 대처한다면 행운을 끌어들일 수 있다고 믿는 것이다.

　행운을 잡은 부자들이 생각하는 기본 3가지가 있다.

　첫째, 행운은 스스로 끌어당길 수 있다.

　둘째, 행운은 누구에게나 온다.

　셋째, 행운은 타이밍이다.

　이 세 가지는 부자들이 기본으로 생각하고 있는 것들이다.

　여기서 제일 중요한 것은 본인 스스로에게 행운이 온다는 절대적 믿음이다.

　나의 말에서 행운이 크기가 달라진다. 한마디로 좋은 생각에서 좋은 말이 나오는 법이다. 그래야만 좋은 꿈을 꿀 수 있다. 우리 속담에 '말이 씨가 된다.'는 말이 있다. 우리가 뱉는 말에 따라 행운의 크기가 달라지는 것은 진리다.

　I Can do it! 나는 할 수 있다! 이게 외치는 긍정의 말이다. '할 수 있다'를 천 번째 외칠 때 그 힘은 엄청난 작용을 할 것이다. 왜냐하면 우리의 생각에 의해서 우리 자신의 환경이 창조되기 때문이다. 우리의 생각이 실천으로 이어질 때 비로소 현실이 된다고

나는 믿는다.

  나의 네잎클로버는 긍정적인 생각, 긍정적인 말이다. 이렇게 긍정의 힘이 모이고 모여서 큰 산이 되면, 부정적인 생각은 긍정의 힘에 밀려 나의 머릿속에 들어올 수 없다. 나는 단 한 번도 찾지 못한 네 잎 클로버를 만들어나갈 것이다. 무조건 잘 된다는 자기 암시가 내겐 네잎클로버이다.
  "나는 풍족하다. 나는 행복하다. 감사한 하루 시작하자. 운이 온다. 운이 온다. 좋은 운이 온다." "우리는 네잎클로버가 잘 자랄 수 있는 높은 양질의 땅을 만들어야 한다. 그 땅은 바로 마음과 생각이며, 그 땅에서 잘 자랄 수 있게 만드는 행운의 씨앗은 바로 말이다."

PART **4**

본질과 핵심

보험의 본질
보험회사
영업 전 필요한 것: 소통과 공부
영업과 인맥의 상관관계
리쿠르팅(채용)
보험은 나를 파는 일
나의 지경을 넓히는 힘, 질문
방향 있는 길로 나아가는 방법, 시간의 축
상처 주는 것도 습관

보험의 본질
핵심

보험의 본질

우선 보험이 그 자체로 있기 위해선 절대 없어서는 안 되는 조건이 하나 있다. 그건 바로 '사람'이다. 그러나 보험의 더 근본적인 정의는 한 사람, 또는 한 가정이 살면서 생길 수 있는 최악의 상황에서도 그나마 '불행 중 다행'이라고 말할 수 있는 것이다. 나와 남아 있는 가족들을 보호할 수 있는 장치가 바로 보험이기 때문이다. 이건 얼핏 보면 고객의 생각과 별반 차이 없어 보이지만 여기엔 아주 큰 차이가 있다. 그렇다면 여기서 말하는 어떤 상황이 최악인지, 또 어떤 가족들의 보호를 말하는 것인지 다음 예시를 살펴보며 알아보자.

세 살, 일곱 살인 미성년자 두 자녀가 있는 가정이 있다. 40대 아내는 가정주부이고 40대 남편은 외벌이다. 이 집은 넉넉한 형편이 아니다. 이건 주변에서 흔히 볼 수 있는 가정이다. 어느 날 가장의 사망이나 질병, 또는 사고로 수입의 부재가 생긴다면 이 가정은 어떻게 될까? 가정주부였던 아내는 슬퍼할 겨를도 없이 당장 식당 설거지라도 해야 아이들과 내일을 살아갈 수 있을 것이다. 엄마가 일하는 동안 아이들을 돌봐주는 사람이 있다면 다행이지만, 그렇지 않으면 방치되거나 늦은 시간까지 기관에 맡겨야 하는 상황이 기다리고 있다. 하물며 위탁 기관이 많은 것도 아니고 종일반은 더 구하기가 힘들다. 있다 해도 추가 비용을 지불해야 한다. 운 좋게 엄마가 바로 괜찮은 일자리를 구하고 아이를 돌봐 줄 곳을 찾았다 해도 아빠의 병원비와 간병비, 생활비 등 엄마의 벌이로는 턱없이 부족할 수밖에 없다. 지출을 아무리 줄여도 결국 집을 팔거나 대출까지 받아야 할 것이다. 아빠가 사망을 해서 병원비, 간병비가 나가지 않는다고 해도 현실은 크게 달라지지 않는다. 이렇게 하루아침에 화목했던 가정은 불행의 늪으로 빠진다. 가장의 부재는 안타까운 일이지만, 남아 있는 가족들은 가장의 존재와 관계없이 계속 삶을 이어나가야만 한다. 이 가정이 불행 속에서 그나마 일상을 살아갈 수 있게 해주는 보험이 있을까?

다시 가장의 사고 전으로 돌아가 보자. 어느 날 가장의 부재가 생긴다 해도 아이들은 다니던 학원을 계속 다닐 수 있고, 또 여전히 같은 집에서 변함없이 안정적으로 살 수 있을 것이다. 엄마가 아이들을 돌보거나 가장이 될 준비를 할 수 있는 자금이라도 있다면, 적어도 가족 전체가 불행에 빠지는 최악의 상황은 막을 수 있을 것이다.

상상해 보자. 내가 없는 세상에 남겨진 내 가족들을 생각해 보면, 나 때문에 너무 마음 아파하지 않았으면 하는 생각이 먼저 들 것이다. 이어서 내가 없어도 불행한 삶을 살지 않길 바랄 것이다. 그나마 보험금으로 내 가족들이 이렇게 살 수 있다면 다행이고 안심이 되지 않을까? 그렇다면 어떤 보장을 어떻게 준비해야 할까? 이 가정의 보험 설계 중에서 가장 첫 번째로 염두에 두어야 할 것은 바로 미성년자 자녀들이다. 두 번째로 염두에 두어야 할 것은 보험료이다. 외벌이로 넉넉한 형편이 아니기 때문에 유지율을 높이려면 저렴한 보험료여야만 한다. 그런데 근로 소득으로 보험료를 책정하는 국민건강보험처럼, 사보험 역시 보험료가 직업, 나이 등의 조건들이 기본적인 베이스로 깔린다. 그리고 형편이 어려울수록 힘한 직업을 가졌을 가능성이 높다. 그래서 이 가장의 보험료는 저렴하지 않았을 것이다. 또 보험 보상액은 사고, 질병이 일어날 가능성이 높을수록 보험료가 비싸다. 진단비, 수술비, 입원비, 사망 보험금은 보험사에서 가장 흔한 보상이다. 즉, 이 가정에 가장 필요한 담보들은 보험료가 가장 비싸다는 말이다.

예를 들어 저렴한 보험료 5만 원에 맞추었다고 가정해 보자. 암 진단 보상액으로 100만 원이 나오고 남은 가족들의 생활비로 최소 1억 원을 받을 수 있도록 설계했을 때 매월 내야 하는 보험료는 50만 원이다. 이게 보험 시스템의 현실이지만 방법이 없는 것은 아니다. 이래서 맞춤 컨설팅을 해주는 설계사가 필요한 것이다. 설계사가 컨설팅을 하기 전에 확실성, 불확실성, 또는 더 중요한 초점에 대해 짚고 넘어가야 할 것이 있다. 일단 모든 사람이 이유 불문하고 결국 사망하게 된다는 것에 대해 모두 동의할 것이다. 그렇다면 사람이 누구나 무조건 암에 걸릴까? 혹시 모를 대비 차원에서 위의 보험에 가입했다면 암 진단 보상액인 1억 원을 반드시 보상받을 수 있을까? 아니다. 왜냐하면 암에 걸려서 받을 수도 있지만, 암에 안 걸려서 못 받을 수도 있기 때문이다. 그렇다면 매월 보험료는 내도 되고 안 내도 되는 걸까? 무조건 내야 한다. 이렇듯 우리는 불확실한 것을 위해 매월 확실한 비용을 지불해야 하는 것이다. 그렇다면 초점은 좀 더 확실한 것에 둬야 하는 것이 맞다. 1년 뒤가 될지 10년 뒤가 될지, 아니면 아예 받을 일이 없을지 알 수 없는 1억 원 때문에 당장 이번 달부터 50만 원의 보험료를 내야 하기 때문이다.

이제 진짜 컨설팅을 해보자. 보험은 보장받는 기간을 설정할 수 있는데, 이에 따라 보험료는 천차만별이 된다. 대부분 종신이거나 100

세까지 보장받는 것으로 가입한다. 그러나 이 가정은 가장의 100세까지의 보장에 초점을 두기보단 자녀들이 성인이 될 때까지의 기간에 초점을 둬야한다. 아이들이 20대 성인이라면 부모의 갑작스러운 부재에도 충분히 살아갈 수 있을 것이다. 그러나 지금 자녀들은 기껏 세 살과 일곱 살이다. 그렇다면 현재 세 살인 막내 자녀가 성인 되는 나이를 기준으로 17년까지만 집중적으로 보장토록 해야 한다. 그리고 그 기간이 지나면 자동 소멸되지만, 가장이 직접 혜택을 받는 생존담보는 종신이나 100세로 복층 설계를 하면 된다. 그러면 비싼 담보는 짧은 기간 설정으로 저렴하게 5만 원으로 가입 가능하고, 역시 그 안에 암 진단을 받아도 1억 원을 보장받을 수가 있다. 이렇게 하면 이 가정의 맞춤 컨설팅이 완성되는 것이다.

그런데 고객의 불만은 딱 이 시점에서 종종 발생한다. 보험은 결국 필요 없다고 생각하게 하는 모순이 여기서 생긴다. 왜냐하면 설정한 기간이 지나도, 즉 자녀가 성인이 되어도 1억 원을 받고 싶은 욕심, 그리고 이른 시일 내에 사고나 질병에 걸리지 않아서 매달 헛돈으로 보험료만 나갔다고 억울해 할 수 있기 때문이다. 당연히 보장 기간을 더 늘리면 보험료가 올라갈 것이고, 애초에 가족을 사랑하지 않으면 준비할 수 없었을 보험을 시간이 지나면서 보상받지 못했다고, 그저 허공에 날려 버린 돈의 개념으로 변질시키는 바람에 억울한 것이다. 사람들은 낸 만큼 돌려받길 바라는 본전 심리를 보험에도 똑같이 적용하려고 한다. 예를 들어 정수기 렌탈은 매달 정수기를 사용하는 값으로 렌탈 비용을 지불한다. 이처럼 보험료 역시 매달 아파서 보상받고 보험료를 내는 값어치를 하길 바라는 것이다. 얼마나 바보 같은 생각인가? 말도 안 되는 소리 같지만, 대부분 고객들이 은연중에 이런 생각을 많이 한다. 따라서 인식의 전환이 필요하다. 그건 보험료라는 건 매달 자신을 무탈하게 지날 수 있도록 해주는 부적 값이라고 생각하면 좋겠다.

자, 이제 또 다른 가정을 컨설팅 해보자. 70대 노부부가 살고 있다. 매월 수십만 원의 보험료를 부담하면서 사망 보험금을 유지하고 있다. 이 노부부가 사망한다고 해도 못 먹고 사는 부양가족은 없다. 오히려 부양의 의무는 위의 가정과 반대다. 자녀들이 이 노부부를 부양하고 있을 가능성이 크다. 이 자녀들은 노부부의 사망 보험금보다 살아 계시는 동안 잦은 병치레로 큰돈이 나가는 병원비가 더 부담될 것이다. 당신이 85세까지 살아 있다면 둘 중 하나에 속한다. 치매이거나 그를 돌보는 사람일 것이다. 뉴스 등 주변에서 한 번쯤은 간병 살인에 대해 들어 봤을 것이다. 이제는 질병을 가진 상태로 오래 사는 것을 더 걱정해야 하는 시대이다. 이 부부에게는 오래도록 보장받는 종신이 아니라 생존 담보를 3년, 5년, 10년 등 단기간으로 끊어 설계해야 한다. 그리고 사망 보험금은 넣지 않거나 최저 금액으로 설정한다. 줄어든 보험료 차액으로 더 이상 보험에 가입하지 않고도 남은 생애 동안 맛있는 것도 드시고 좋은 곳도 구경 다니시라고 컨설팅을 마무리하는 편이 좋다.

위의 예시들은 이해하기 쉽도록 가정한 것이다. 그러나 실제 병력, 나이, 직업 등에 따라 보험료와 보상액은 달라질 수도 있다. 두 가정의 컨설팅 차이는 남아 있는 가족을 위한 것과 나를 위한 것과의 차이에 있다. 여기서의 핵심은 필요성의 여부다. 그리고 중요한 건 우선순위다. 지금 처한 환경에 따라 미혼인지, 기혼인지, 자녀가 있는지의 여부, 미성년자인지, 성인인지, 가장이 누구인지 등에 따라 컨설팅도 달라져야 한다.

가끔 보험사에서 잘못된 판매방식을 제공하는 경우가 있다. 그건 이번 주가 마지막이라는 압박이나, 한도를 늘려 줄 때나 이전에는 없었던 새로운 상품이 출시될 때마다 땡처리 특판 분위기로 설계사들에게 마구잡이식으로 제안하는 경우이다. 사람들은 보험에 대한 부정적 시선이 크지만, 사실 안 좋은 보험은 존재하지 않는다. 다만 필요성과 우선순위에 맞게 컨설팅이 되어 있는지의 여부에 따라 시선은 달라질 수도 있다. 100만 원을 버는 사람에게 80만 원짜리 보험을 권하는 건 나쁜 보험이다. 또 상황을 고려치 않고 최대한도만 꽉 꽉 채워 넣은 보험도 나쁜 보험이다. 보험료, 보상액만큼 중요한 것이 계속 유지될 수 있는 보험이어야 하기 때문이다.

우리는 부자가 아니기 때문에 보험에 가입한다. 형편이 어려워지면 첫 번째로 해지하는 것이 바로 보험이기 때문에 형편이 어려워져 해지할 수밖에 없는 보험은 애초에 가입을 안 하는 것이 낫다. 내 통장에서 보험료가 나갔는지 모를 정도의 금액으로 가입해야 유지가 가능하다.

이런 판단을 고객 스스로 할 수가 없으니까 내 가계의 상황에 맞는 보험료, 보상액, 기간 등에 맞춰 고려한 보험에 가입하기 위해 전문적으로 컨설팅 하는 설계사가 필요한 것이다. 여러 보험사를 취급하는 대리점 등은 상품 설계만 해 주는 매니저가 따로 존재한다. 각 가정의 상황과 환경이 이렇게 다른데 어떻게 한 사람이 모든 고객을 설계한다는 말인가? 공장에서 찍어 내듯, 지금 가입할 수 있는 최대치의 보장 한도와 비어 있는 담보만을 채워 넣기에 급급한 설계가 될 가능성이 크다. 같은 보험업계에 종사하고 있는 한 사람으로서 어느 정도는 맞춤 설계일 것이라고 믿고 싶다.

예전에도 그렇고 지금도 보면 재벌 집은 그 집안을 관리해 온 집사들이 있다. 집사는 그 집안의 아주 은밀한 사정과 재정 부분, 자식 관계 등에 대해 속속들이 다 알고 있는 사람이다. 그는 굳이 주인이 말하지 않아도 입안의 혀처럼 알아서 집안 업무들을 척척 해낸다.

나는 설계사도 집사와 같다고 생각한다. 한 집안을 관리하면서 어떤 질병을 타고났는지 무슨 질병에 취약한지 가족력을 모두 알고 있어야하기 때문이다. 그리고 아이가 태어나 자라는 동안 계속해서 바뀌는 환경에 맞춰서 관리도 해야 하기 때문이다. 아이가 성인이 되었을 때 부모의 보장은 달라져야 한다. 아울러 이 아이가 생애 첫 차를 샀을 때, 직장인이 되었을 때, 결혼하게 되었을 때, 자식을 낳았을 때 등 환경은 계속해서 바뀐다. 부모의 보장, 자녀의 보장, 그 자녀가 부모가 되었을 때와 그 부모가 부양자 또는 피부양자가 되었을 때 등 상황 변화에 따른 보험 리모델링을 놓쳐서는 안 된다.

그리고 시간이 지남에 따라 의료 관련법이나 교통법도 계속해서 발전하고 바뀌는 게 현실이다. 건강한 세포까지 공격하는 항암 치료의 부작용으로 구토와 휠체어, 그리고 민머리까지의 예전 암 환자와 비교를 해보면 현재 암 환자의 모습은 건강한 사람과 다를 바가 없을 정도다. 항암 치료도 이젠 통원으로 가능한 시대이고, 또 암세포만 골라서 공격하는 표적 항암으로 치료도 할 수 있게 된 덕분이다. 내가 암 환자라면, 또 내 가족이 암 환자라면 누구나 지금 치료법으로 치료받고 싶지 않을까?

요즘은 맹장 수술에서도 예전처럼 배를 열어서 수술하는 사람은 아마 없을 것이다. 교통법도 마찬가지로 이전에 없었던 민식이법이나 스쿨 존 등 개정이 될 때면 업셀링 (돈을 올려서 파는 것) 은 당연하다. 보험도 시대의 흐름과 변화하는 환경에 맞게 재정비해야 한다.

보상받지 못하는 보험을 그동안 유지한 것이 아까워서 변경하지 못하는 것은, 마치 목적지는 서울인데 부산 가는 기차를 잘못 탄 것을 대전에서 알아챈 것과 같다. 그런데 그때라도 내려서 다시 서울행 기차로 바꿔 타야 하는데, 대전까지 온 것이 아까워서 부산으로 가는 것과 마찬가지인 경우다.

혹시 예전의 흑백 폴더폰을 알고 있는가? 그 폰을 지금도 여전히 쓰고 있다고 해서 잘못된 것은 아니다. 그렇다고 전화 비용이 무료거나 특별한 혜택이 있는 것도 아니다. 그러나 최신 폰을 쓰는 사람과 내야 하는 전화료는 같은데도 전화기의 목적을 상실한 통화연결이 잘 안될 수도 있고, 카카오톡 등 메신저나 은행 업무, 인터넷 등 편리한 시스템을 이용할 수가 없다고 한다면 사정은 달라진다. 같은 맥락으로, 내 상황이 바뀌고 의료계가 발전했다고 해도 이전의 보험을 계속 유지하고 싶다면 그렇게 해도 된다. 다만, 굳이 흑백폰의 불편함을 감수하면서까지 최신 폰의 전화료와 동일한 금액을 계속해서 지불하는 것이 괜찮다면 말이다.

무엇보다 고객이 꼭 기억해야 할 것은 처음 보험을 준비할 때의 소중한 책임감을 잊지 않아야 한다는 점이다. 그럴 경우 보험에서 결코 본전을 바라는 것과 같은 가벼운 마음을 가질 수는 없을 것이다.

보험의 본질
핵심

보험회사

　보험 영업은 왜 다른 영업보다 힘든 것일까? 그건 수요와 공급의 원리 때문이다. 비 오는 날 우산을 팔기 위해 영업하는 사람을 본 적이 있는가? 그러나 보험은 다르다. 보험이 있어야 하는 상황은 미래에 있고, 그 필요한 상황이란 나에게 안 좋은 일이 생겼을 때이기 때문이다. 사람은 누구나 자신에게 불행한 일은 일어나지 않을 것으로 생각한다. 지금은 비록 힘들지만 그래도 열심히 살다 보면 지금보다 상황이 나아질 것이란 막연한 기대 때문이다. 현재보다 안 좋을 미래에 대해서는 아예 생각조차 하지 않는다. 그런데 보험은 안 좋은 일이 생겼을 때를 대비하는 상품이다. 그 일이 일어났을 때를 예상하고 설득해야 하는 일이다 보니 힘든 것은 당연할지 모른다. 주변 마트나 판매점 등 어느 영업장을 봐도 좋은 점을 부각해서 판매하지, 부정적 상황을 극대화해서 판매하는 세일즈는 없다. 그래서 보험 영업이 어려운 것이다.

나는 언젠가 보험 시장을 바꾸겠다는 이상을 가지고 있다. 막연히 상품이 좋고 판매를 잘할 수 있는 스킬을 알려 주는 것이 아니라, 좀 더 근본적인 해결 방법을 찾으려 노력하고 있다. 설계사들은 누구보다 강한 책임감으로 일하고 있고 보람도 느낄 수 있는 직업이다. 이런 분들이 들을 준비가 되어 있는 고객 앞에서 존중받으면서 일을 할 수 있는 환경을 만드는 게 내 목표다. 그래서 보험 영업을 하시는 분들이 자신의 직업에 자부심을 느끼고 일을 했으면 하는 바람이다. 그래서 난 내 지점 운영도 이와 같은 내 바람을 펼치는 장으로 접근하고 있다.

보통 예전 보험들은 엄마 친구나 주변 지인인 설계사를 통해 보험 정보를 들을 수밖에 없는 한계가 있었다. 그러나 지금은 누구나 인터넷 검색으로 정보가 공유되는 시대이기 때문에 우리가 제공하는 정보를 과거보다 소중히 여기지 않는다. 브랜드에 대한 믿음만으로 의사를 결정하는 게 아니라 자신의 기준과 개성으로 판단하는 시대이기 때문이다.

'복면가왕'이라는 프로그램을 보신 적 있는가? 복면으로 얼굴을 가리고 누구인지에 대한 선입견을 없앴더니 오로지 노래에만 집중할 수 있다는 아이디어에서 출발한 프로그램이다. 이것을 절대가치라 한다. 과거에는 브랜드 유명세 등이 구매의 선택 기준이었다면, 이제는 고객 자신의 가치에 중심을 두고 절대적 평가를 하는 흐름으로 바뀐 걸 포착해야 한다.

독일의 아디다스 공장은 연간 50만 켤레의 신발을 생산하는 곳이다. 그런데 이곳에서 근무하는 인간은 단 열 명뿐이다. 이는 4차 산업혁명이 생산 시스템을 바꾸어 놓은 현실과, 나아가 맞춤형 생산까지도 가능하게 된 시대를 반영하고 있다. 맞춤형이란 좋은 제품을 넘어 나만을 위한 제품을 제공함으로써 고객 만족을 실현해야 한다. 단순한 정보 전달만으로는 장기간 일을 할 수 없다. 보험도 그렇다. 누구나 해 줄 수 있는 컨설팅으로는 살아남기 힘들다. 그러므로 내가 고객을 찾는 게 아니라 고객이 나를 찾게 만들어야 한다. 마치 집사와 같은 설계사가 되어야 한다. 즉, 고객이 '딱 나만을 위한 제안'이라는 믿음을 가질 수 있도록 설계를 해야 한다는 말이다.

이것이 힘든 보험 세일즈의 근본적 해결이라고 말하는 것은 아니다. 하지만 5천만 국민이 다 우리 고객이기 때문에 막연한 교육보다는 좀 더 구체적으로 일할 수 있는 현장을 만들어 줘야 할 필요는 있다. 다이렉트, 홈쇼핑 등 판매 채널이 다양해졌고 시대가 달라졌음에도 여전히 현장에서는 예전의 영업 방식만을 고수하는 탓에 설계사들이 힘들 수밖에 없는 것이다. 그리고 같은 회사라도 본부에 따라 그 운영 방식이 각자 다르다. 본부 안에 있는 지점도 마찬가지다. 나는 현재 작은 지점을 관리하는 지점장이다. 보험 한 지 9년 정도 되었는데, 입사한 후 한동안 이렇게 좋은 일을 하는 설계사가 왜 인정받지 못하고 하대를 받는지 이해할 수가 없었다. 왜 영업은 힘든 것인가? 왜 설계사는 존중받지 못하는가? 그런데도 불구하고 이렇게 노력했더니 이만큼 해냈다 식의 다른 설계사들의 우수 사례 발표를 듣고 있자면 마음이 불편할 때가 많았다. 왜 이렇게 좋은 일을 하면서 역경을 이겨 내야 하고 자기 한계를 뛰어넘어야 한다고 교육받고 있는 것일까? 나는 단지 돈을 벌기 위해 이 곳에 왔을 뿐인데, 일을 하면서 이런 마인드 셋 (마음가짐)까지 해야 하는 것일까?

불만에 귀를 기울이면 방법은 얼마든지 찾을 수 있다. 방법을 찾았으면 개선점도 찾을 수 있고 그걸 하나씩 따라가 보면 선순환 상태로 진입할 수 있다고 본다. 그렇다고 공급을 해결하기 위해 수요 상황을 만들 수는 없다. 우리에겐 사람을 우리가 원하는 시점에 아프게 할 수 있는 전지적 능력이 없으니까 말이다. 그렇다면 많은 양의 모수로 조금 더 많은 수요에 접근할 수 있다면 좀 수월하지 않을까? 그렇게 하려면 첫째로 필요한 것이 바로 사람이다. 예전보다는 보험에 대한 인식이 좋아졌다고는 하지만 아직도 보험에 대한, 설계사에 대한 선입견과 편견으로 인해 감정 소모를 겪는 일이 허다하다. 긍정적인 마음으로 영업에 집중하려 해도 이런 각오와 달리 시작부터 잘 되지 않는 경우가 많다. 왜냐하면 첫 단계인 가망 고객을 만드는 것부터 어렵고 불편하기 때문이다.

설계사의 가장 큰 고민과 불만은 가망 고객과 보험의 수요 공급 부분이다. 이 두 가지가 개선된다면 영업이 자연스러워질 수 있을 것 같은데, 그 첫 번째가 바로 DB 영업이다. 아웃소싱은 분업화를 추구하고 각자 잘하는 것에 집중하자는 효율성에 기초한다. 그러나 DB의 속성은 다양하다. 홈페이지나 어플에 문의를 남긴 고객, 보험 홈쇼핑에서 선물만 받으려고 연락처를 남겨 놓는 고객, 보험과 관련 없는 대형마트에서 하는 응모 이벤트에 연락처를 남겨 놓은 고객 등 건당 금액도 천차만별이다. 그러므로 DB를 많이 받거나 건당 금액을 지원하기보다는 그 DB로 계약 체결이 가능한지부터 살펴봐야 한다. 여기선 당장 계약 체결이 힘들더라도 지속해서 연락할 수 있는 명분이 있느냐의 여부가 중요하다. 위에 언급한 DB 계약 체결이 되지 않더라도 연락은 내가 일방적으로 할 수는 있다. 그러나 고객이 내 전화를 받아 줘야 하는 명분은 없다. 고객과의 연결 고리가 없기 때문이다.

예를 들어, 당사 기 가입 DB가 있다고 해보자. 현재 당사 보험을 유지하고는 있지만 이전 담당자가 이직했거나 퇴사를 해서 담당자가 없는 상태이거나, 또는 그로 인해 새로운 담당자로 맵핑 (새롭게 담당자가 재배정 되는 것) 이 되는 경우이다. 당장 계약체결이 되지 않는다 해도 담당자이기 때문에 지속적으로 연락은 할 수 있다. 그 이유는 유지하고 있는 보험 계약 변경이나 보험 청구 등 일부 업무는 무조건 담당자를 통해서만 가능하기 때문이다.

또 다른 예를 들면, 건강검진 예약의 경우이다. 건강 검진을 앞둔 예약자 중, 나라에서 시행하는 정기 검진과 회사에서 하는 건강 검진, 입사를 위한 건강 검진, 입학을 위한 건강 검진, 심지어 결혼을 위한 건강 검진 등 그 종류가 다양하다. 건강 검진은 당장 아픈 곳이 없는지를 점검하기도 하지만, 이와 아울러 건강하다는 증명, 또는 조기 발견으로 조기 치료가 가능하게 하는 시스템이기도 하다. 그런 분들의 보험에 대한 보장을 미리 분석해 드린다면 어떨까? 설계사는 원하는 분들에게 컨설팅을 해드리고, 고객은 설계사의 피드백을 받을 수 있기 때문에 상호 이익적인 측면이 크기 때문이다.

회사나 지점에서 마케팅을 통해 가망 고객을 발굴하면 설계사는 세일즈로 보유 고객으로 확보하는 영업을 하는 게 좋다. 본부나 지점은 설계사가 성립이 불가능한 고객에게 쏟는 에너지가 낭비되지 않도록 이렇게 구분지어 줄 수 있어야 한다. 그 이유는 근무 환경의 퀄리티를 높여야 계약 성립도 높아지기 때문이다.

타인의 인생을 돌보는 일을 하는 설계사는 공헌감과 책임감 없이는 불가능하다. 따라서 보험 설계사는 무엇보다 도덕적 자질을 갖춘 사람이어야 하고, 또 이를 위한 문턱도 높여야 한다고 생각한다. 이 부분의 해결은 생각보다 아주 아쉽다. 보험 세일즈는 꺼리는 직업이고 보험 설계사는 어디서든 존중받지 못한다. 이런 부정적 이미지는 보험업에 종사하는 우리 스스로가 만들었다고 생각한다. 맞춤 컨설팅이 아닌, 당장의 수수료 이득에 눈이 멀어 불완전판매를 하는가 하면, 보험사는 이득이 높은 다단계 형태의 채용을 선호하다 보니 돈을 줘서라도 구직자들을 데리고 오는, 말도 안 되는 상황이 벌어지기 때문이다. 심지어 같은 회사 안에서도 본부별로 말도 안 되는 상황을 경쟁이라도 하듯 자랑하기도 한다. 이러다보니 무슨 일을 하는지 파악도 하기 전에 입사 축하금과 교육비를 주기 때문에 결국 언제, 얼마나 주는지 먼저 요구하는 사람들까지 생겼다. 한번 생각해 보자. 회사에 입사한 걸 축하한다고 돈을 지급하는 회사는 아마 보험사밖에 없을 것이다. 보험 세일즈 하려는 사람들이 없으니 이렇게까지 하는 것이겠지만, 보험사에서 사람들을 입사시키기 위해 만들어 놓은 이런 제도들 때문에 결국 우리 스스로를 하대 받게 만든 것이다. 이건 반드시 끊어내야 할 악순환의 고리들이다.

나는 나의 일을 참 좋아한다. 가끔 내가 힘든 이유는 일을 못 해서가 아니라, 이 일을 못 하게 될까 걱정이 돼서이다. 그러므로 이 일을 계속하려면 나는 잘 되어야만 한다. 좋으니까 오래하고 싶은 생각은 당연하다. 시스템 상 어쩔 수 없이 실적만이 모든 평가의 기준이다 보니 때로는 도덕적 자질을 망각하는 사람들을 볼 때가 있다. 직업에 귀천이 없다고는 하지만, 어쩌면 우리 손으로 빈천을 만들고 있는 것은 아닌지 성찰해 볼 시점이라고 본다. 원하지 않는 사람에게까지 억지로 상품을 권유한다는 생각으로 근무는 하고 있지만, 본인의 직업을 숨기고 싶어 하거나, 하다 하다 결국 보험이냐며 설계사스스로 인생 실패자인 최하위 등급으로 낙인을 찍는 등의 일이 더 이상은 없어야 하기 때문이다.

설계사 당신들이 어떤 일을 하고 있는지 정확히 알고 있다면 생각은 달라질 것이다. 우리 일에 대한 소중한 가치를 반드시 인식해야 한다. 본인들 손끝을 통해서 고객의 소중한 인생이 위험에 빠질지라도 얼마든지 가치 있게 이어 갈 수 있도록 해주는 일임을 절대 잊어서는 안 된다.

회사는 어떤 상품이 출시되었는지 타사와 비교하고 어떤 고객에게 권유해야 하는지, 그리고 얼마를 팔면 얼마를 받을 수 있는지에 대해서만 교육할 것이 아니다. 우리 일에 대한 본질과 정의에 대해서 교육해야 하고 보험 세일즈의 가치를 정확히, 그리고 자주 짚어 주어야 한다. 업의 본질은 사회적 평판에 달려 있는 것이 아니라, 내가 나의 일에 대해 의미를 찾는 것에서부터 시작되기 때문이다. 비록 세상이 알아주지 않아도 스스로 높은 자긍을 느끼며 일을 할 수 있는 환경이 주어진다면, 더 즐겁게 이 일을 기꺼이 해 낼 사람은 차고 넘친다고 생각한다.

'설계사라도 하겠다.'는 사람과 '설계사가 되겠다.'는 사람은 격부터가 다르다. 전자는 어쩔 수 없는 차선적 선택을 한 반면, 후자는 목적성을 갖춘 최선의 선택을 했기 때문이다. 그리고 부디 고객이 당장의 선물을 받는 등의 단순한 이득보다는 오랫동안 내 가정을 지켜 줄 집사 같은 설계사를 만날 수 있기를 바란다. 또 비슷한 보험료를 지불하면서 더 의미 있고, 더 가치 있게 지출할 수 있도록 돕는 설계사를 만날 수 있길 바란다.

세계에서 가장 영향력 있는 50인의 비즈니스 사상가 중 한 사람인 다니엘 핑크는 두 가지 질문에 "예스"라고 답할 수 있게 세일즈를 해야 한다고 말한다. 첫째, 만약 당신이 팔려는 것을 고객이 사기로 결정한다면 그의 삶이 개선될까? 둘째, 이 거래가 끝났을 때의 세상은 거래 이전보다 더 나은 곳이 될까? 보험의 본질은 적어도 질병이나 사고로 인한 부재로 남은 가족들이 불행해지는 일이 없도록 하는 데 있다. 그래서 보험 세일즈는 이 두 가지 질문에 "예스"라고 답할 수 있는 일이라고 확신한다.

보험의 본질
핵심

영업 전 필요한 것: 소통과 공부

나는 보험회사 설계사다. 처음 시작했을 때 주위에서 한마디씩 했었다. "네가 무슨 보험이고?", "너 잘하는 것 해라.", "그것, 아무나 하는 것 아니다." 참으로 반대를 많이 했었다. 하지만 난 꿋꿋하게 보험영업을 시작했고, 일찍 출근해서 늦게까지 일을 하면서 필요한 지식과 업무 환경에 빠르게 적응했다. 지금껏 해 오던 일과 전혀 다른 일에 불출주야 도전해서인지 생각보다 돈도 쉽게 벌 수 있었다. 하지만 이 일을 오래 하기 위해서 내가 그간 준비해 온 과정들이 날이 갈수록 물거품이 되는 느낌을 받았다. 그 이유는 매달 지점장이 요구하는 실적에 대한 압박이 가장 컸다. 이 압박으로 단기간 실적을 올리다 보면 장기적 관점을 놓치는 경우가 많았기 때문이다.

처음 시작할 때 가졌던 목표가 어느 순간 내 머릿속을 떠나 버린 적도 있다. 하루하루 버티는 나날이 더 많아졌고, 다시 내가 잘하는 것을 하러 가야겠다는 생각에 잠 못 이루는 날도 늘어났다. 심지어 다른 직업을 알아보기도 했다. 이건 대부분의 보험회사 설계사들의 실체이다. 처음 시작할 때 가졌던 자기만의 철학을 되새기다 보면 보험 영업을 왜 하고 있는지 괴리감도 클 것이다. 당장 한 건의 실적이 전부가 아니라고 생각한다면, 보험 영업은 왜 하고 있으며 고객의 재무를 담당하는지도 생각해 보아야한다. 그리고 그 답을 스스로 찾아야 한다.

우리 회사(메리츠화재)는 맞춰야 할 실적 압박과 실적 구간도 없을 뿐 아니라 못 한다고 눈치 주는 사람도 없다. 그래서 더욱더 목표 설정에 적응할 수 있는 유리한 부분이 타사보다 많다. 따라서 하고자 하는 의지만 꺾이지 않는다면 언제든지 목표를 달성할 수 있다. 여기에서 중요한 건 학습과 노력, 실천이다. 그리고 모든 설계사들에게 공평한 제도가 만들어져 있다는 게 우리의 유일한 장점이다. 다만, 이것을 모르거나 또는 망각한 채 영업하는 사람들이 많다는 게 나는 안타까울 따름이다.

나는 말재주가 없다. 그러나 영업은 말 잘하는 것과 실적에 꼭 비례하지는 않는다. 말을 잘 한다는 점이 오히려 역효과를 낼 때도 많다.

그건 보통 고객들이 지나친 달변가를 선호하지 않는 경향 때문이다. 사기꾼들은 입이 살아 있다. 영업은 진심과 진정성의 전달이지, 세 치 혀로 상대방을 휘감는 일이 아니라는 것을 명심해야 한다. 오히려 고객의 목소리에 더 귀를 기울이는 편이 정답일 수도 있는 얘기다.

  영업은 말을 잘 못해도 고객을 이해하고 진심으로 소통하는 분야이다. 그렇다고 학습적인 설명까지 건너뛰라는 말은 아니다. 그건 기본이기 때문이다. 담보, 상품 내용에 대해 대충대충 얼렁뚱땅 구렁이 담 넘듯 넘어가 버리면 언젠간 반드시 들통 나게 되어 있다. 이것이야말로 영업의 끈을 잘라 버리는 행위이라는 점을 꼭 기억해야 한다. 눈앞에 보이는 약이 나중에 자신에게 독으로 돌아오는 것은 시간문제이기 때문이다.

  신인 중에는 가끔 이런 사원들이 있다. 활동만이 답이란 것을 설명을 통해 이해를 시켜도 주야장천 공부만 하는 사람들이다. 그들은 실적이 따라오지 않는 이유에 대해 보험 지식이 부족해서라고 판단했기 때문일 것이다. 그러나 이건 설계사라는 직업을 착각한 경우에 해당한다. 다른 신인들은 고객을 만나러 다니는데도 혼자서 독야청청 공부에만 매달린다면 그 사람은 퇴사할 확률이 높다. 상담 활동이 줄어드니 성과도 떨어지는 건 당연하다. 그 원인을 활동 부족이 아니라 학습 부족으로 판단하고 공부에 시간을 더 투자하기 때문에 생긴 결과이다. 공부만 한다고 해서 돈이 나오는 건 아니다. 돈을 벌려면 사무실이 아닌 밖으로 나가 사람을 만나야 한다. 그러지 못하기 때문에 결국 다른 직업을 찾아 떠날 수밖에 없는 것이다.

물론 아무 것도 모르는 상태에서 영업 활동만 해서도 안 된다. 일을 잘하기 위해서는 기초 지식과 지속적인 학습이 필요하기 때문이다. 영업인의 기본은 시간 활용에 있다는 뜻이다. 학습과 활동의 비율은 개인별로 다르겠지만, 체계적으로 시간표를 만들어 일을 해야 능률이 오른다. 그리고 학습이 되어 있지 않으면 장기적인 영업 활동을 지속할 수가 없다. 이런 경우도 또한 다른 직업을 찾게 될 가능성이 매우 크다. 한 마디로, '알아야 면장을 한다'는 얘기다. 특히 신인들은 기본이 중요하기에 수시로 학습을 해야 된다. 학습 없이 활동만으로 성과가 나왔다면 그것은 운이 좋은 경우에 해당한다.

상품을 알아야 설명이 가능하듯이 보상에 대해 말하기 위해선 정확히 상품에 대한 정보를 알아야 한다. 언제까지 지점장이나 매니저한테 물어만 볼 것인가? 진정한 보험 전문가는 겉과 속이 같아야 한다. 설계사는 재무 지식 전문가도, 그렇다고 의사소통 전문가도 아닌, 관계 관리 전문가이기 때문이다.

> 본질을 안다는 건 핵심을 이해하는 것이다.
> 지금 할 일과 나중에 할 일,
> 내가 할 일과 남이 해도 좋은 일을
> 식별하는 것이다.

보험의 본질
사람

영업과 인맥의 상관관계

인맥은 영업과 상관이 없다. 영업인으로서 성공 여부를 판단하는 데 있어 전혀 상관이 없다는 얘기다. 또 주위에 지인이 많다고 해서 영업을 잘 한다는 것이 아니라는 말이기도 하다.

식당으로 비유를 하자면, 아는 지인을 상대로 장사를 하겠다는 생각으로 영업을 한다면 몇 달 안에 폐업할 건 불 보듯 뻔하다. 왜냐하면 고객이 한정적이기 때문이다. 그래서 진짜 영업의 시작은 개척부터이다. 이건 재료를 구할 줄 알아야 재료 본연의 맛을 실려 요리를 할 수 있는 원리와 같다. 지인이 없어 영업을 못 한다는 것은 핑계일 뿐이다. 영업에 있어선 누구나 공평하다. 얼마나 자기만의 목표 설정을 잘 하고 리듬을 잘 타느냐가 중요할 뿐이다.

보험 영업이라는 것은 근본적으로 고객이 가진 문제를 보장 분석을 통해 함께 고민하고 풀어가는 과정이다. 청약은 고객에게 필요한 내용을 전달하고 고객이 받아들일 때 이루어진다. 그리고 고객이 유지할 수 있는 적절한 선에서 판매하는 것이 영업이고, 고객과 도움을 주고받는 것이 세일즈다.

보험 영업은 아무나 시작할 수는 있다. 하지만 아무나 성공할 수 있는 직업은 아니다. 용기 있는 자만이 시작할 수 있는 직업이다. 그 열정을 밑바탕으로 꾸준히 발전하면서 성장할 수 있는 일이기도 하다.

메리츠화재는 영업 소득으로 성장하고 성공할 수 있는 곳이지만 권리 소득도 있다. 이건 내가 이 곳, 메리츠로 이직한 이유이기도 하다. 열정과 간절함만 있으면 성장의 길은 선택하면 되는 것이다. 그게 메리츠화재의 최대 장점이기도 하다.

매월 말일이면 우리가 그간 쌓아 온 모래성이 무너져 버리는 경험을 한다. 그래서 매월 초마다 새로운 모래성을 쌓아야 한다. 다들 월초에 가망 고객 리스트, 타깃 20선을 작성할 것이다. 그러나 이것은 월초에 하는 것이 아니다. 하수들이나 초에 작성하지 고수들은 말일에 미리 작성한다. 영업은 미리미리 준비하는 사람이 앞질러 가는 곳이다. 일도 미리미리, 학습도 미리미리, 출근도 미리미리, 고객과의 약속 시간도 미리미리, 이렇게 한발 앞선 준비만이 그대들을 성공으로 이끌 것이다.

가망 고객 리스트, 타깃 20선은 영업의 시작이다. 대부분이 청약이 예상되는 고객만 적는다. 그러나 이건 매우 하수 같은 판단이다. 작성해야 할 우선 고객은 만날 수 있는 고객이므로 이들도 모두 적어야 된다. 이유는 이 중 누가 계약 할지 모른다는 것이다. 그저 예상만으로 가입할 고객을 판단해서도 안 된다. 이런 경우 예상 고객이 계약을 미루게 되면 일에서 손을 놓을 수가 있다. 믿었던 게 상처라고 생각하기 때문이다. 그 믿음은 혼자만의 믿음일 뿐이다. 고객이 청약서에 사인하지 않는 한 절대 믿어서는 안 된다.

가망 고객 명단을 작성할 땐 대충 적어서도 안 된다. 고객님 한 분, 한 분의 이름을 적을 때도 정성 들여 작성해야 한다. 본부장이나 지점장이 시켰다고 해서 숙제처럼 마지못해 건성으로 쓰는 분들이 있으면 안 된다. 어떤 분들은 굳이 꼼꼼히 적을 필요 있을까 의문을 품기도 할 것이다. 또는 영업은 몸으로 부딪치는 일인데 뭐 하러 그렇게 하냐는 분들도 있을 수 있다. 영업은 현장에서 몸으로 하는 일이라는 생각엔 공감한다. 그러나 사무실에서 앉아서 머리로 하는 일은 아니지만, 계획 없이 일을 하는 분들보다는 전략적으로 접근하는 분들이 더 효과적이고 성과도 좋다는 결과를 보면 작성에 소홀해선 안 된다. 이런 분들은 예습과 복습까지도 철저하다. 일이 잘 되는 분들에겐 다 그럴만한 이유가 있다.

그리고 고객과의 친밀도, 직업, 지인, 동창, 소개, 동호회(골프, 축구, 수영 등) 등 그룹별로 구분하는 것도 좋은 방법이다. 고객이나 우리나 마찬가지로 시간에 쫓기며 살아가기 때문에 그렇게 할 경우 효과적일 수 있다. 그래서 전화로 날짜와 시간을 잡아서 대면하게 된다. 여기서 중요한 것은 일주일 간의 요일 관리나 하루 시간 관리 등이다. 한마디로 말하자면 전략을 잘 짜야 한다는 얘기다. 일주일 중 하루는 전화만 돌리는 것이다. 그리고 약속을 미리 잡아 놓는 것도 좋은 방법이다. 전화할 때 중요한 것은 중요사항을 무조건 기록해야 한다는 점이다. 고객과 통화하며 남긴 메모는 언제든 유용하게 활용될 수 있기 때문이다. 예를 들어 통화 중 알게 된 사건사고를 기록해 두면 다음에 전화 때 이 개인사를 화제로 쉽게 접근할 수 있는 이점이 있다. 어색한 분위기를 깨는 재료로 꺼내기 좋기 때문이다.

예를 들어, "집에 키우는 게 강아지가 아프다고 하더니 괜찮아졌나요."로 대화를 시작하면 처음부터 부드럽게 얘기가 이어질 수가 있다. 사람은 누구나 관종 (관심에 목매는 사람) 의 특성을 어느 정도 가지고 있기 때문에 이런 사소한 것으로 감동을 자아내기 충분하다. 이런 관심 표현은 상대의 닫힌 마음을 열게 한다. 팍팍한 삶의 과정에서 건네는 따뜻한 말 한마디가 기분을 좋게 하기 때문이다.

"책을 읽어라. 그리고 메모하라."
 일반적인 설계사와 독서하는 설계사가 과연 같을까? 스스로 생각해 보길 바란다. 이것은 일이 아니기에 자기 스스로 판단하고 실천해 보길 바란다. 우리 모두 생각하고 있는 목표와 꿈을 향해 파이팅을 외쳐 본다.

보험의 본질
사람

리쿠르팅(채용)

회사에서 시키는 대로 열심히 일도 하고 돈도 많이 벌지만 무기력감에 빠지는 분들이 많다. 이는 수동적인 업무를 쳇바퀴 돌리듯 습관처럼 해 왔기 때문이라고 생각한다. 돈만 많이 벌면 되는 것 아니냐고 생각하는 사람도 있겠지만, 그런 식으로 일을 하다보면 금방 지칠 수밖에 없다. 일을 왜 하는지에 대한 본질을 알고 스스로 질문을 하고 답을 찾을 수 있어야 소신 있게 살아갈 수 있기 때문이다.

백성들이 빵이 없어 고통스러워한다는 신하의 말에 "그럼 케이크를 먹으면 되죠."라고 했던 마리 앙투아네트 여왕은 현실을 직시하지 못한 이유로 변화를 바라는 백성들의 혁명에 의해 희생된다. 그녀가 백성들의 현실을 알고 있었다면 과연 저런 말 할 수 있었을까? 그리고 현실을 몰랐던 것이 과연 여왕만의 잘못이라고 할 수 있는 걸까?

악의를 갖지는 않았지만 상대에게 상처 주는 사람들이 있다. 리더가 조직의 상황을 몰랐다면 무능한 것이고, 알고도 못 했다면 나쁜 것이다. 아는 만큼 보이고 보이는 만큼 믿는다. 해 보지도 않고 "그것, 안 좋다더라"고 하거나, 또는 "내 성격에 맞지 않아", "나는 지금까지 그렇게 살아온 적 없어."라고 말하는 사람들이 종종 있다. 모르는 걸 신념처럼 말하는 것도 결국은 잘 몰라서 하는 말일 것이다. 더불어 사는 사회에서 직접적으로 인간관계에 영향을 미치는 직업 중 하나가 설계사다. 고객도, 설계사도 몰라서 서로에게 상처를 주는 경우가 많다. 그리고 설계사는 확신마저 없으니 자꾸 번뇌가 일어날 수밖에 없다.

고객과의 관계도 그렇지만 동료와의 관계도 마찬가지다. 누구나 좋은 환경에서 근무하고 싶어 한다. 그래서 조건을 따져 타사로 이직하기도 하고 타사에서 당사로 입사하기도 한다. 일반 회사였다면 스펙이나 경력이 중요하겠지만 이 업은 매달 얼마만큼의 보험 판매를 했느냐가 곧 스펙이 되는 곳이다. 하지만 내 스펙이 아무리 높아도 일반 회사처럼 입사 전 계약서에 서명하듯 고정된 약속이 여기엔 없다. 있다 해도 단기 조건일 뿐이고, 때론 그 조건조차도 성과에 따라

지급되는 것이 현실이다. 보험업은 새로운 거래처를 매달 뚫어야 한다. 이건 누구에게나 아주 어렵고 힘든 일이다. 그래서 이직한다는 것은 대부분 지금 근무하는 곳보다 더 나은 곳으로 이직하는 개념이라기보다는 현재 근무하는 곳이 본인의 판단에 최악이라서 타사로 이직하는 경우가 대부분이다.

아무리 많은 공을 세우고 최고의 아군이었다 해도 이직을 하려는 마음을 내비친 순간부터 바로 공공의 적이 된다. 왜냐하면 공을 세운만큼 고객을 다른 회사로 빼 갈 수도 있고, 게다가 직장 동료들까지 같이 가게 된다면 회사에 미치는 피해가 분명히 생길 것이기 때문이다.

그런데 좀 이상하지 않은가? 이직의 이유가 되었던 것들에 내 인생을 맡길 수 없겠다는 판단으로 가는 것이라면 당연한 결정인데도, 그런 결정에 왜 서로 얼굴을 붉히는지 모르겠다. 누군가 이직을 해서 회사에 실이 생겼다고 판단이 된다면, 거꾸로 생각했을 때 그럼 근무하는 동안에는 회사에 득을 줬을 게 아닌가? 딴 곳에 비해 여기가 너무나 좋은 곳이라고 확신이 든다면 후회 역시 가는 사람의 몫일뿐이다. 사실 보험회사가 여러 곳 있지만 조건은 거의 비슷하다. 이왕 이직할 거면 본인 몸값을 더 쳐주는 곳으로 가기 위해 계산을 했을 것이다. 그러나 그 조건이라는 것도 일시적이고 단기적이기 때문에, 만약 옮긴 곳이 이전과 다를 바가 없다면 다시 더 좋은 조건과 좋은 환경을 찾아 이직할 수밖에 없다.

 그래서 좋은 환경, 좋은 조건을 따질 게 아니라 내가 먼저 좋은 사람이 되는 게 중요하다고 생각한다. 그 선한 영향력의 합이 많아지면 많아질수록 좋은 환경이 되는 것이 아닐까? 내 조건에 맞는 좋은 집을 구하러 다니는 대신 내가 먼저 좋은 자재가 되면 된다. 또 함께 있는 사람들이 좋은 공구와 좋은 틀이 되어 그냥 좋은 집을 지으면 되지 않을까? 조건을 보고 온 사람들이 다시 더 좋은 조건을 보고 움직이는 것처럼, 당장에 물질적인 이득보다는 같은 결의 사람들과 얼마나 더 성장할 수 있는 곳인지가 이직의 결정 조건이 되어야 한다. 나는 어떤 어려운 상황이 닥쳤을 때 소매를 걷어붙이고 돕는 사람들의 수에 따라 좋고 나쁨의 환경이 만들어진다고 생각한다. 이직의 조건은 올바른 중심을 가지고 있는 조직의 리더와 함께 일하는 곳이어야 한다. 리더의 마인드가 곧 그 조직의 방향이기 때문이다.

> 미래의 자기 모습과 현재의 자기 모습을
> 객관적으로 볼 수 있어야 한다.
> 그 과정에서 가장 중요한 것은
> 바로 의문을 품고 질문하는 능력이다.

<h1 style="text-align:center; color:blue">보험의 본질
나</h1>

보험은 나를 파는 일

 우리는 보험 상품을 팔기 전에 먼저 우리 자신을 팔아야 한다. 보험 상품은 가입하는 고객이 상품의 장단점을 파악하고 있지만 실제론 가입자가 잘 모르는 경우가 많다. 이럴 때는 판매자의 설명에 의지할 수밖에 없다. 이때 고객이 보험에 가입하는 결정적인 이유는 상품에 대한 이해 때문이 아니라 판매자에 대한 신뢰 때문이다. 고객은 상품을 보지 않고 사람을 보고 판단한다는 사실을 우리는 알아야 한다. 즉, 설계사는 상품을 판매하는 자가 아니라 자신을 파는 사람이다. 고객이 나를 믿어 줄 때 청약서에 사인이 이뤄진다. 설계사의 본질은 사람에 있다. 사람만이 답이다.

부자가 되는 세일즈 기법에 대해 프랭크 베트거는 이렇게 정의했다.
"영업이라는 일은 결국 한 가지, 오직 한 가지로 귀착됩니다. 그것은 바로 사람들을 만나는 일입니다. 밖에 나가서 하루에 네다섯 명의 사람들에게 자신의 이야기를 정직하게 할 수 있는 평범한 사람이라면, 그 사람은 영업에서 성공할 수밖에 없습니다."

영업은 고객 관리를 얼마나 잘하느냐, 못하느냐에 따라 롱런이 결정된다. 왜냐하면 영업은 소통이기 때문이다. 그러므로 최소 기존 고객과의 연락을 한 달에 한번은 해야 한다. 연락 할 명분이 없으면 만들면 된다. 매달 21일은 자동 이체가 제일 많이 되는 날이다. 그럼 22일에 다른 용건이 없더라도 이렇게 전화 한 통을 드리면 된다.
"보험 유지해 주셔서 감사합니다."
이게 기본이다. 영업인이라면, 롱런하고 싶다면 이 방식을 꼭 적용해 보길 바란다.

우리에겐 신규 고객이 필요하다. 그 이유는 그들이 우리에게 도전의식을 주기 때문이다. 새로운 고객은 우리의 마음에 생기를 불어넣고 우리로 하여금 최신 지식으로 무장하고 깨어 있게 만든다. 우리는 기존 고객들에 대한 서비스가 너무 쉽다고 여긴 나머지 안일한 영업활동에 머무르는 수가 있다. 따라서 우리는 자신을 위해 하나의 규율을 만들어야 한다. 내게도 단순한 하나의 규율이 있다. 내 실적의 50%는 항상 신규 고객을 통해 얻겠다고 한 목표가 그것이다.

  마지막으로, 나는 보험 영업이란 직업이 최고의 직업이라고 생각한다. 왜냐하면 자신의 능력만큼 많은 돈을 벌 수 있고, 다른 직업보다 훨씬 자유로운 분야이기 때문이다. 그리고 제일 중요한 것은 한 가족을, 한 사람의 재무를 설계하고 책임지는 일을 한다는 사실에 대한 자긍심 때문이다. '가난과 질병은 같이 온다.'는 말이 있다. 그렇기에 우리는 고객을 책임져야 한다. 이것은 평범한 보험회사의 기본이다. 그리고 우리 회사는 나와 같은 설계사도 본부장, 임원이 될 수 길이 무수히 많다. 이건 타사에서는 꿈도 꿀 수 없는 일이며, 오직 메리츠화재라서 가능한 일이다.

보험의 본질
나

나의 지경을 넓히는 힘, 질문

질문은 어떨 때 생겨나는 것일까? 그건 바로 내 생각이 틀릴 수도 있다거나 상대에게 뭔가 배울 게 있다거나, 또는 그것에 대해 더 알고 싶다고 하는 상황이 만들어진 공간에서 가능한 일이다. 그러니까 공간이 있어야 질문도 할 수 있다는 것이다. 그렇다면 어떻게 하면 그 공간을 만들 수 있을까? 어쨌든 내가 생각하는 최선의 성장 방법은 바로 질문에 있다.

예전 영업하던 시절, 일을 그만두신 분의 고객을 이관 받은 적이 있다. 나는 이관 받은 고객님 한 분, 한 분께 담당자가 바뀌었다고 안내 전화를 드렸다. 핸드폰에 이름을 저장하면서 전화를 드렸고, 고객님께 사전 동의를 받고 담보 내용도 확인했다. 그런데 확인하다 보면 보장이 부족한 고객님이 종종 보인다. 이런 고객을 터치하기 위해 리스트를 작성하고 방문하기 위해 전화를 드린다. 방문이 잡히면 난 제일 먼저 그분의 카톡 프로필 사진부터 살펴본다. 사전 준비를 하는 것이다.

 내가 방문을 가게 된 분의 카톡 프로필 사진에 50대 여성분이 낚시하는 모습이 담겨 있었다. 내가 방문한 곳은 진해였고 커피숍에서 처음 대면을 했다. 난 지인이나 고객을 만날 때 첫 대화에서 보험 얘기는 하지 않는다. 부족한 부분은 통화로 말씀드리는 편이다. 그리고 처음부터 보험 얘기를 하게 되면 가입률이 확연히 떨어지는 것도 이유이다. 그래서 카톡 사진에서 봤던 낚시하는 모습을 화제로 대화의 문을 열었다.
 "고객님, 낚시 좋아하시나 봐요? 우연히 카톡 프로필을 보게 되었습니다. 저도 낚시를 엄청나게 좋아하는데, 간혹 여성분이 낚시하는 모습을 보면 멋있더라고요."

 이런 경우 상대가 좋아하는 화제로 접근하기 때문에 어렵지 않게 친밀해질 수 있다는 장점이 있다. 그분은 웃으시면서 말문을 여셨다. 낚시를 남편한테 배웠다면서 무늬오징어, 문어, 한치, 감성돔, 갈치 낚시까지 줄줄이 노래하듯이 말씀하셨다. 그리고 지금은 부부가 낚시를 너무 좋아해서 낚싯배를 직접 운영하고 계신다고도 하셨다. 그리고 운영하는 낚시 밴드 조황 사진도 이것저것 보여 주시면서 낚시 밴드에 날 초대까지 하셨다. 난 그 자리에서 바로 가입하면서 담에 꼭 낚시하러 가겠다고 약속했다. 오기 며칠 전 예약을 하라면서 보험 내용을 보여 달라고 했다. 결국 난 그 자리에서 설명을 드리고 사인까지 받았다.

그날 이후, 낚시를 좋아하는 나는 진해 '영진호'라는 낚싯배의 고객이 되었다. 이렇게 이관 고객님으로 맺어진 이 인연은 내가 동부화재 때 연도대상까지 갈 수 있게 한 원동력이 되었다. 이후 이 분은 수십 명의 고객을 내게 소개한 협력자로서 매우 감사한 분이다.

'사람과 사람 사이에는 두꺼운 철문이 내려져 있다. 웬만해서는 이 철문은 열리지 않는다. 사람들은 대부분 이 철문을 열고 다른 사람과 소통하고 싶어 한다. 다만 자신이 먼저 문을 열지는 않는다. 이 문을 여는 최선의 방법은 인사하고 말을 건네는 것이다. 그리고 그 사람에 대해 질문하는 것이다. 그럼 대부분은 기꺼이 자기 문을 열고 이야기한다. 자기 사연을 알려 주고 삶의 지혜와 고급 정보까지 준다.'

- 한근태, 〈고수의 질문법〉 '질문은 연결이다' 중에서

보험의 본질
나

방향 있는 길로 나아가는 방법, 시간의 축

언젠가 고명환 님의 강의에서 본인이 운영하는 메밀 가게의 매출에 대해 들은 적이 있다. 총 매출 10억 원에 순수익이 3억 원이란 얘기였다. 나에겐 이것이 자랑이 아닌, 메밀국수 한 그릇에 담긴 진심으로 들렸다. 왜냐하면 내가 밀가루에 대해 너무도 잘 알고 있기 때문이다. 예전에 '봉창이 칼국수'를 전국에 수십 개 오픈하면서 내 손을 거쳐 간 밀가루 포대만 수만 포대이기에 그렇다. 밀가루엔 종류도 많아서 박력, 강력, 중력, 고급 면용, 생면용 등 다양하다는 것도 잘 안다. 이 중 대부분이 중력을 많이 사용한다는 사실도 말이다. 그리나 놀랍게도 고명환 씨는 제일 비싼 생면을 사용한다고 고백했다. 그런데 중력을 사용하면 3억 원을 남길 수는 있다. 그러나 고명환 씨는 생면용을 사용하면서 2억 원을 남기고, 여기에 메밀국수 한 그릇에

1억 원을 담았기 때문에 가능했다는 결론이다. 그러다보니 다들 어려운 시절이었던 코로나 기간에도 매출이 10%까지 올랐던 것이다.

나는 매달 말일이면 매출이나 도입 시상을 어떻게 하면 효과적일까 하고 나에게 질문을 던지곤 한다. 그러나 정답은 언제나 없었다. 하지만 나는 내 이익보다는 영업 가족의 성장을 우선으로 생각했다는 것이 무색할 만큼 속이 상하는 날이 많았다. 고명환 씨가 1억 원을 메밀 한 그릇에 담았던 것처럼 나도 2억 원을 담았다고 생각했는데 상대방의 입장에서는 그렇지 않았던 것이다. 의사소통의 부재나 생각의 차이일 수도 있다고도 할 수 있지만, 한편으로는 도입에 생면 밀가루가 아닌 중력을 사용해서 3억 원을 남겼어도 이렇게 내 속이 상했을까 하는 질문이 계속 머리를 맴돌았다.

서로 다른 가치와 시간을 축으로 하는 마케팅에서 과연 성과를 낼 수 있을까? 이건 N잡러와 백수의 차이와 같다. 백수는 시간이 많아 정상 출근이 가능하지만, 열심히 일을 하겠다는 의지와 의욕이 N잡러보다는 많이 부족하다. 다들 자기 기준에서만 현상을 바라보고 생각을 말할 때면 숨이 턱턱 막힐 때가 많다. 난 모든 직업은 원리적인 면에선 상통하는 부분이 많기 때문에 응용이라 생각하며 지금까지 살아왔다. 따라서 메밀을 도입 시상이라고 비유해 보자. 나는 메밀국수에 2억 원을 넣었지만 1억 원을 넣은 것과 별반 차이가 없다. 도입은 돈하고 무관하다고 생각하는 나와 달리, 한 달 벌어 먹고사는 이들에게는 2억 원이 아닌 3억 원을 넣은 메밀국수가 맞는다는 것이다.

이건 N잡러와 정상으로 출근하는 사람에서의 기준이다. 여기서 문제의 발단이 생긴 것이다. 왜냐하면 정상 출근자라고해서 제대로 일을 한다는 보장이 없기 때문이다.

지금의 도입 트렌드는 N잡러로 많이 흘러가는 추세이긴 하다. 하지만 두 가지 일을 하는 이들이 성장의 꿈을 꾸는 이들에게 도입이라는 동기 부여가 된다는 현실이 답답하기만 하다. 그러니까 내가 생각하는 것은 도입 시상금에 머물고 만다는 것이다. 지금의 답답함을 조금이라도 해소하기 위해서 난 현재 시간의 축을 길게 늘려 생각해 보려 한다. 도입이라는 숙제는 내가 보험회사에 근무하는 한 꼭 풀어야 할 숙제이기 때문이다. 이렇게 시간의 축을 늘려 생각해 보면 마음의 여유를 얻을 수 있을 것이다. 이렇게 여유를 되찾고 매달 숙제인 도입 시상을 결정한다면 좀 더 지혜로운 선택이 되지 않을까? 영업 가족들에게 100% 만족은 되지 않을지라도 적어도 성장의 마중물은 될 수 있다고 생각해 본다.

"질문은 내비게이션과 같다. 질문을 던진다는 것은 목적지 설정을 위한 가장 중요한 과정이기 때문이다."

최고의 직원이 되고 싶은가? 그렇다면 최고의 직원이 누군지, 그리고 어떻게 하면 되는지 끊임없이 질문하면 된다. 그렇게 매일 최고의 직원에 대해 생각하다 보면 자신도 모르게 조금씩 그 사람을 닮아 가게 될 것이기 때문이다.

보험의 본질
나

상처 주는 것도 습관

나는 관계가 깊어질수록 그만큼 서로에게 주는 상처가 크다고 생각한다. 그 이유는 서로에게 스며든 편안함 때문이다. 나는 결혼 전, 내가 김해 '봉창이 칼국수'란 식당에서 근무할 때 지금의 아내를 만났고 그때부터 장거리 연애를 시작했다. 사귄 지 1년쯤 되었을 때 광주 북구 일곡점 오픈 행사 건으로 광주로 올라가야 하는 변화가 생겼다. 퇴근 후 저녁 시간이면 두세 시간 동안 전화기를 붙들고 통화를 한 덕에 한 달 휴대폰 요금이 20만 원씩이나 나올 정도였다. 혹여 통화가 되지 않으면 세 시간 거리도 마다 않고 김해까지 날아갔다. 이땐 거의 차를 몰고 가는 것이 아니라 비행기를 몰고 가는 수준이었다.

장거리 연애 끝에 우린 결국 결혼에 골인했다. 첫째 아들을 낳고 살 때까지만 해도 아내가 조금이라도 아프다고 하면 곧바로 응급실에 가서 약을 지어 올 정도로 정성 어린 사랑을 베풀었다. 하지만 둘째와 셋째를 낳은 후부턴 부부간의 집중도가 조금씩 흐릿해지기 시작했고 서로 변해 갔다.

아내와 20년을 넘게 살아서인지 서로에 대해 너무 잘 안다는 게 문제가 될 때도 있다. 가정도, 직장도 편할수록 외려 더 잘해야 하는 줄 알지만, 그게 쉽지만은 않다. 때론 무뚝뚝한 내 말투에 상처받은 아내가 한 번씩 눈물을 비추기도 했다. 그러나 나는 그 이유를 구체적으로 알지 못해 속이 상할 때가 많았다.

작년에 아내가 가슴에 문제가 있어 수술한 적이 있었다. 그때부터 나는 조금씩 예전 모습으로 되돌아가는 느낌을 받았다. 아마 나이를 먹어감에 따라 점점 익어가는 덕분일 것이다.

"상처를 받았다는 건 이미 내 안에 상처를 갖고 있었다는 뜻이다. 내 안에 본래 열등감이 있었는데, 누군가가 그걸 들추어낸 것이다."

"누군가의 말과 행동 때문에 상처받았다는 기분이 드는가? 그렇다면 혹시 스스로 자기 마음에 상처를 새기고 있던 것은 아닌가?"

상대에게 상처를 준다는 것은 내 기분이 곧 태도로 나타났기 때문이다. 그래서 나는 '기분이 태도가 되도록 하지 말자'는 말을 자주 되새긴다. 하지만 이것도 쉽지 않다. 기분에 따라 표정과 말투, 행동이 자연스레 나오곤 하기 때문이다. 외적으로 나타나는 표정과 행동을 보고 사람들은 나의 기분 상태를 체크한다지만, 그래도 내 진짜 속생각은 보이지 않으니 각자 생각으로 판단할 수밖에 없을 것이다. 사람들은 보이는 것만 믿기에 그런 건 아닐까? 보이지 않는 것을 굳이 믿을 필요는 없다고 생각하기 때문일 것이다. 그렇게 살아왔으니 그렇게 학습이 된 바에 따르는 것일 게다.

그러나 성공한 부자들은 보이지 않는 것도 믿는다고 한다. 이건 밥 프록터의 '위대한 확언'이나 나폴레온 힐의 '생각하라, 그러면 부자가 되리라'와 같은 책에서 언급된 말이다. 여기선 보이지 않는 것도 믿으라고 한다. 긍정 확언, 명상, 시각화 등을 통해서 그것을 끌어당기라고 한다. 그런데 그것도 만만치 않다. 나 역시도 그렇게 하려고 노력은 하지만 쉽지 않았다. 그래서 기분이 태도가 될 때도 많았다. 우리는 살아가면서 항상 기분이 좋을 수만은 없다. 살다 보면 항상 우여곡절이 있기 마련이라서 그렇다. 그렇기에 기분에 따라 나타나는 태도가 눈으로 확인된다. 티를 내고 싶지 않아도 이런 의지와 상관없이 자연스럽게 티가 나게 되어 있다. 인간은 신이 아닌 이상 완벽할 수는 없다. 그렇기에 수많은 고수들도 이런 과정이 있었을 것이다. 그렇지만 얼마나 빨리 습득하고 실천하는가에 따라 변화의 속도에 차이가 생기지 않을까? 나쁜 습관을 버리고 이로운 습관을 주입하여 실천하다 보면 결국 변화된다는 것을 알기에, 오늘도 나는 이 노력을 게을리 하지 않는다.

> 미래 나의 모습은 지금
> 내가 무엇을 하고 있는가에 달려 있다.

Epilogue 에필로그

김정택입니다

감사합니다. 감사합니다.

'작은 것에도 감사하며 살아가면 감사한 일만 생긴다'고 하는 말을 유년 시절에 배웠다. 내 고향 학림도에는 작은 예배당이 있었다. 나는 이 교회 전도사님께 많은 사랑을 받았다. 그래서 세월이 흘러 내가 받은 사랑을 꼭 나와 같은 친구들에게 베풀고 싶다는 생각을 항상 품고 살았다. 그리고 이것을 실천으로 옮기는데 성공했다. 그게 바로 주님의 사랑이었다는 것을 깨달았다.

지금도 베푸는 사랑이 얼마나 행복한 삶인지 알기에 항상 아들 락현이, 큰딸 민서, 막둥이 나현이도 그렇게 성장하길 바라며 지금 이 순간도 기도를 한다.

이 글을 쓰면서 세 아이의 아빠라서 너무 감사했고, 본부장의 길을 걸어갈 수 있도록 나를 지켜봐 준 본부 영업 가족들의 응원에도 너무 감사하다. 너무 감사한 분들이 많아서 헤아릴 수가 없을 정도다.

그리고 하늘나라에 계신 우리 아버지가 나를 지켜 주고 계시기에 내가 이렇게 행복한 삶을 누릴 수 있다는 말을 하고 싶다.

아버지와 나의 아이들

　지금도 내 손을 잡고 웃으시던 모습이 눈앞에 아른거린다. 아버지는 눈으로 말씀하신다. 항상 환한 미소를 지으시면서 "정택아, 힘내라!"하시던 아버지시다. 아버진 이 세상 어느 누구보다 귀한 유산을 내게 주셨다.
　지금 내 모습이 아버지를 무척 닮아 가고 있다. 오늘따라 아버지가 너무 그립다. 그리운 아버지를 생각하며 마지막으로 아버지를 향한 내 마음을 한 줄의 글로 담아 본다.

아버지의_사진을_보며….

아버지의 웃는 얼굴에서 45년의 한 맺힌 세월을 이야기해 주네요.

아버지의 깊은 주름이
지난 세월 바다처럼 깊게 흘러온 그 길
그 혼자만의 외로움을 이야기해 주네요.

아들 이름조차 부르지 못하는 그 삶의 무게를 얼마나 오래 지고 오셨는지,
아버지의 웃으시는 모습이 이야기해 주네요.

혼자서 묵묵히 책임지고 가야만 했던 그 길.

힘겨웠던 그 마음을 이제는 알 것 같아
미안한 마음에 아버지의 사진을 내 품에 안아봅니다.

사랑합니다.
사랑했습니다.
아버지….

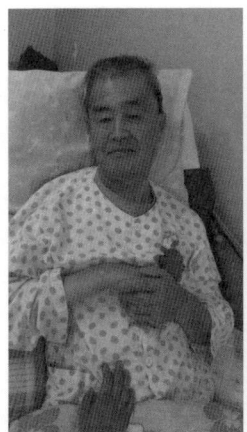 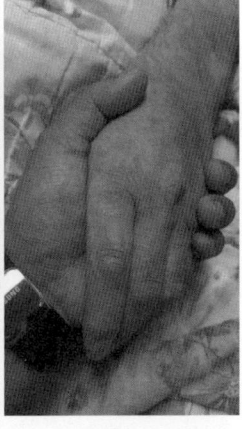

존경하는 아버지

쿠키 페이지 *Cookie page*

출판사의 시선

고인 이재훈 팀장에게 드린 김정택 본부장님 책

책이 출간 된 후, SNS에서 김정택 본부장님의 피드를 보았습니다. 본부장님께서 고인이 되신 이재훈 팀장님께 찾아가 책을 선물로 올린 장면을 보며, 가슴 깊은 곳에서부터 뭉클함이 밀려왔습니다.

평소에 표현이 많지 않으셨던 본부장님이지만, 그 내면에는 얼마나 많은 열정과 따뜻함이 깃들어 있는지, 그리고 사람을 얼마나 소중히 여기는지를 책을 만드는 과정을 통해 알게 되었습니다.

이번 기회를 통해 가슴이 다시 한 번 따뜻해짐을 느끼게 해주신 김정택 본부장님께 깊은 감사를 전합니다. 본부장님의 신심 어린 마음이 많은 사람들에게도 전해지기를 바랍니다.

Ending credit 엔딩 크레디트

나는 메리츠화재 본부장
김정택이다

초판1쇄 2024년 5월 03일
2쇄 2024년 5월 31일

지은이 김정택

펴낸곳 함성
편집인 선은지

기획 선은지
표지 디자인 세이렌 킴
내지 디자인 디자이너홍
교정교열 프란츠

주소 서울 강남구 강남대로 100길 34, 101호 (역삼동)
팩스 0504-175-3368
이메일 hamsung.pubilsher@gmail.com
출판사 등록번호 2023년 1월 4일 제2023-00006호

값 19,500원
ISBN 979-11-983776-2-3 03810

'함성'은 함께 성장하는 출판사란 뜻으로
독자분들과 함께 성장한다는 의미입니다.

이 책에 실린 모든 내용은 저작권법에 따라 보호를 받는 저작물이므로
무단 전재와 무단 복제를 금합니다.

이 책의 전부 또는 일부 내용을 재사용하시려면 사전에
「저작권자」와 「함성 출판사」의 동의를 받아야 합니다.

잘못 만들어진 책은 구입하신 곳에서 교환해드립니다.

함성 출판사에선 독자 여러분의 원고를 기다리고 있습니다.
출간을 원하시는 분은 원고를 hamsung.pubilsher@gmail.com로 보내주세요.